# Êtes-vous
# Charlie ?

Lucia Canovi

# Êtes-vous
# Charlie ?

« Lorsqu'on pense aux moyens chaque fois plus puissants dont dispose le système, un esprit ne peut évidemment rester libre qu'au prix d'un effort continuel. Qui de nous peut se vanter de poursuivre cet effort jusqu'au bout ? Qui de nous est sûr, non seulement de résister à tous les slogans, mais aussi à la tentation d'opposer un slogan à un autre ? »

ALa France contre les robots,
George BERNANOS (1888-1948)

# Introduction

Ce petit livre n'est pas écrit sous le coup de la colère. Il n'est pas écrit sous le coup de l'indignation. Pourquoi faudrait-il que nous jetions notre cerveau aux orties, exactement ? Parce que dix-sept personnes se sont fait tuer ?

Mais vous connaissez déjà la réponse : ce qu'on a tué, ou cherché à tuer, c'est bien plus que cela... c'est la liberté d'expression ! C'est nos souvenirs d'enfance ! Cabu, le club Dorothée, vous vous souvenez ?... Alors laissons-nous emporter par une vague d'émotion incontrôlée, perdons la tête, descendons dans la rue, proclamons « Je suis Charlie ! » et laissons nos dirigeants nous diriger, ils sont là pour ça.

C'est confortable, oui.

Il y a quelque chose de réconfortant à manifester tous ensemble, à communier dans l'indignation, la révolte, mais aussi la pitié, l'amitié, la solidarité. La propagande a parfois bon goût. Pour une fois qu'elle suscite le sentiment d'appartenir à une grande famille, une grande communauté unie dans la ferveur de valeurs universelles... Qui est contre *la liberté* ? Pas vous. Pas moi. Personne, au fait.

La grand-messe médiatique qui se déroule actuellement me rappelle l'élection de Barack Obama : un noir à la tête des États Unis ! Quelle victoire contre le racisme, quel progrès !... Vous connaissez la suite. Très décevante, comme toutes les suites des films hollywoodiens à succès.

Bref.

Ce qui m'a déterminé à écrire ce texte, ce sont les paroles des Nathalie de Saint Criq sur France deux :

**Élise Lucet : On parle beaucoup depuis quelques jours d'unité nationale, mais attention toute la France n'était pas dans la rue hier.**

**Nathalie de Saint Criq :** [*sur le ton de la commisération*] **Ah non, Élise, il ne faut pas faire preuve d'angélisme...** [*changement de ton, qui devient énergique, autoritaire, presque viril*] **c'est justement ceux qui ne sont PAS Charlie qu'il faut repérer, ceux qui, dans certains établissements scolaires, ont refusé la minute de silence, ceux qui balancent sur les réseaux sociaux et ceux qui ne voient pas en quoi ce combat est le leur. Et bien c'est eux que nous devons repérer, traiter, intégrer ou réintégrer dans la communauté nationale.**

Il y a tellement de messages (certains cachés, d'autres pas du tout) dans ce message hallucinant que je ne sais même pas par où commencer. Mais avant de plonger dans le sujet, j'aimerais dès maintenant dire ce que ce livre n'est pas.

Ce livre n'est pas un pamphlet. Ce n'est pas un coup de gueule. C'est, très modestement, une petite analyse sémantique de ces quelques mots de Nathalie de Saint Criq, qui ne sont d'ailleurs certainement pas les siens, car on voit qu'elle lit le prompteur, et de ce petit slogan extrêmement dangereux et malsain qui circule partout. Comme dit un proverbe maori, la plus petite vipère a son venin. « Je suis Charlie » ne fait que treize lettres et trois mots, mais dans ces trois mots, il y a de quoi couper la France en deux partis prêts à se faire la guerre. L'inventeur de ce slogan génial étant resté anonyme à l'heure où j'écris ces lignes, on est libre de l'imaginer sous n'importe quels traits. Pour ma part, je le visualise sous ceux de Tullius Détritus, le héros verdâtre de *La Zizanie* (quinzième album d'*Astérix*).

# 1. Ceux qui ne sont PAS Charlie...

Pour bien en saisir le sens et le but, il ne faut pas lire l'échange entre Élise et Nathalie (pour simplifier, je les appellerai par leurs prénoms à partir de maintenant) comme un véritable dialogue, mais plutôt comme des répliques de théâtre visant à endoctriner les spectateurs de la pièce.

La première réplique, celle d' Élise, correspond au point de vue de départ, celui qu'il s'agit de modifier.

D'après ce premier point de vue, « toute la France n'était pas dans la rue hier ». Autrement dit, certains Français sont Charlie (ceux qui ont manifesté, ceux qui répètent le slogan de Détritus) et d'autres Français ne sont *pas* Charlie (ceux qui n'ont pas manifesté, ceux qui refusent de répéter le slogan de Détritus). Ce point de vue est le point de vue normal, rationnel. Objectif.

La réponse de Nathalie est un chef d'œuvre. Elle commence par dire « Ah non, Élise... » Pourquoi non, puisqu'elle va confirmer ce que dit Élise, à savoir que tout le monde n'a pas manifesté ? Si on en reste à la stricte logique, elle devrait dire : « Oui, en effet Élise, toute la France n'était pas dans la rue. » Mais si elle reconnaissait aussi benoîtement les faits, son intervention ne serait pas le pur morceau de propagande qu'il est.

Elle continue par : **« Il ne faut pas faire preuve d'angélisme... »** Le contexte nous permet de comprendre le sens de cette phrase. Croire que tout le monde est descendu dans la rue pour manifester serait faire preuve d'angélisme, c'est-à-dire d'une candeur exagérée. Pourquoi ? Parce que ce serait croire que tout le monde est gentil. En d'autres termes, manifester, se déclarer Charlie, c'est être un ange. Serait-ce un hommage aux drôles de dames : *Charlie's angels* ? Détritus (dans l'hypothèse où c'est aussi lui qui a écrit le texte de Nathalie) est-il subtil à ce point-là ? Peut-être.

Quand on s'imagine que tout le monde descend dans la rue, on est candide ; quand on accepte le fait que tout le monde ne manifeste pas, on est donc cynique. Il faut vraiment avoir perdu toutes ses illusions sur la nature humaine pour regarder en face ce triste fait : *tout le monde n'est pas Charlie* !

En une seule phrase, en jouant sur les ressorts de l'implicite et le sous-entendu, Nathalie fait donc passer le message suivant : les manifestants sont les gentils et les non-manifestants sont les méchants.

Tout simplement.

Et dès la phrase suivante, le message est confirmé : « **C'est justement ceux qui ne sont PAS Charlie qu'il faut repérer, ceux qui, dans certains établissements scolaires, ont refusé la minute de silence, ceux qui balancent sur les réseaux sociaux et ceux qui ne voient pas en quoi ce combat est le leur.** »

Ceux qui ne sont pas Charlie, c'est-à-dire ceux qui refusent de dire qu'ils sont Charlie, sont cette fois-ci clairement montrés du doigt. La priorité numéro un n'est plus, comme on a pu le croire un instant, de lutter pour la liberté d'expression, mais de repérer ceux qui (peut-être au nom de la liberté d'expression, justement) osent penser autrement que le journal de 20 heures et... *le dire* ! Si encore ils se contentaient de penser en silence. Mais non. Ils ouvrent leur grande gueule. Ils la ramènent. Comme dit si bien Nathalie, ils « balancent » sur les réseaux sociaux. En clair, ils trahissent la cause.

Ce qui est curieux et même bizarre, c'est que ce verbe *balancer* appartient à l'argot des voyous. La *balance*, c'est le « délateur qui trahit des criminels en livrant des informations à la police ». Ce sont les criminels qui parlent de *balance* ; les policiers parlent d'*informateur*. Quand un criminel attrape une *balance*, il ne lui fait pas de cadeau. En disant « ceux qui balancent sur les réseaux sociaux », Nathalie assimile indirectement l'état français à un criminel agressif et menaçant prêt à se venger cruellement de tous ceux qui oseraient dénoncer ses crimes. Dans le choix de ce verbe, *balancer*, il y a déjà une menace.

Dans quel but faut-il repérer ceux qui ne sont pas Charlie ?

Le ton militaire de Nathalie ne laisse planer aucun doute : ce n'est pas pour leur faire des bisous. Et la suite nous révèle l'objectif de ce repérage : « **Et bien c'est eux que nous devons repérer, traiter, intégrer ou réintégrer dans la communauté nationale.** »

Oui, vous avez bien lu : intégrer ou réintégrer dans la communauté nationale. Ce qui signifie que les non-manifestants ne sont pas français, rien de moins ! Ou peut-être qu'ils l'ont été jadis, mais maintenant, ils ne le sont plus. D'où la nécessité de les intégrer ou réintégrer. Ce sont des étrangers.

Faisons dès maintenant un petit bilan des idées que Nathalie a fait passer en quelques mots :

1/ Les manifestants sont des anges ;

2/ Croire que tout le monde manifeste, c'est croire au Père Noël : le monde serait tellement merveilleux s'il existait vraiment ! La vie serait tellement belle si tout le monde était Charlie, sans exception !

3/ Les non-manifestants sont méchants ;

4/ Les non-manifestants ne sont pas français : ils n'ont jamais intégré la communauté nationale, ou ils l'ont quitté.

Nous avons donc d'un côté des gentils Français (« nous ») et de l'autre des méchants étrangers (« eux »). Xénophobe ? Oui, sur les bords, et même au milieu. Mais le plus troublant dans l'histoire, c'est que ces méchants étrangers, ce sont, ou plutôt c'étaient jusqu'à ce que Nathalie les prive de leur nationalité, des Français ! Il n'y a pas si longtemps, quand Élise avait encore la parole, ils étaient une partie de la France. Mais avec Nathalie, et en quelques phrases seulement, un virage à 180 degrés a eu lieu et voilà qu'ils ne font plus partie de ce pays où ils sont nés et où ils habitent...

Bravo, Détritus ! Beau travail !

Il y a encore bien d'autres choses à noter dans la magnifique intervention de Nathalie.

Par exemple, le crescendo suivant : **repérer, traiter, intégrer ou réintégrer.**

Relisez-le soigneusement. Vous ne notez rien de spécial ?

Il manque un verbe.

On ne peut pas passer directement de « repérer » à « traiter ». Après avoir repéré et avant de traiter, il faut attraper. Choper. Capturer. Une traque se profile. De l'action, du suspense, des émotions fortes... si vous voulez y participer, si vous aussi vous voulez partir à la chasse, débusquer les dissidents, giboyer les hérétiques, criez haut et fort : « Je suis Charlie ! »

Ai-je mauvais esprit si j'interprète « traiter » comme un

euphémisme pour « maltraiter » et « réintégrer » comme un euphémisme pour « désintégrer » ?

# 2. Bientôt 1984

Nous reparlerons peut-être de Nathalie et de sa propagande. Pour l'instant, concentrons-nous sur la phrase venimeuse : « Je suis Charlie »

D'un point de vue purement logique (celui auquel les médias veulent nous faire renoncer), cette phrase est un mensonge dans la bouche de ceux qui la prononcent. Personne ne s'appelle Charlie.

Charlie n'est plus un prénom à la mode depuis belle lurette.

Il faut donc que la phrase ait un autre sens que son sens littéral. Quand on dit « Je suis Charlie », on ne veut pas dire qu'on se prénomme Charlie. Mais alors, on veut dire quoi ?

C'est précisément là que se niche l'astuce diabolique de Détritus. Quand on dit « Je suis Charlie », on dit plusieurs choses à la fois, et c'est cette ambiguïté qui permet de faire de ces trois mots un instrument de division et de discorde.

Pour l'individu qui croit ce qui lui dit sa télévision et qui a été traumatisé par les événements, ou plus précisément, qui a été traumatisé par la manière dont les médias lui ont présenté les événements, cette phrase signifie : « J'ai de la sympathie pour les victimes. Je m'identifie à elles. Je souffre pour elles. Je compatis avec les familles... Je pleure. J'ai mal. » Bref, cette phrase a une signification émotionnelle. C'est un cri du cœur.

Mais cette phrase a aussi un sens plus précis et plus rationnel, et pour l'individu rétif qui se renseigne par lui-même et qui se méfie des médias dominants, individu qu'on traite parfois de « complotiste » parce qu'il n'est pas la dupe des comploteurs, « Je suis Charlie » signifie : « J'aime Charlie Hebdo. Je pense que ce journal incarne à lui seul toute la liberté d'expression, rien de moins. Je partage ses valeurs qui sont l'athéisme, l'islamophobie, la christianophobie, la misogynie, la vulgarité, le cynisme, la méchanceté, le sadisme, la laideur et la pornographie. Et moi, comme Charlie-Hebdo, je suis tout ça. »

Bien sûr, sachant le sens qu'a cette phrase, le mouton noir en question se refuse à la prononcer.

D'autant qu'il sait très bien que Charlie Hebdo n'incarne pas la liberté d'expression. À preuve le renvoi du dessinateur Siné, qui avait osé se moquer de Jean, le fils de Sarkozy : « Il vient de déclarer vouloir se convertir au judaïsme avant d'épouser sa fiancée, juive, et héritière des fondateurs de Darty. Il fera du chemin dans la vie, ce petit ! »

En 2008, pour cette ironie gentillette, bien inoffensive si on la compare avec le contenu habituel de Charlie-Hebdo, Siné s'est fait virer comme un malpropre, sans préavis ni justification. En conséquence de quoi le dessinateur a fait un procès à Charlie-Hebdo, procès qu'il a gagné.

La subtilité de Détritus, c'est que dans « Je suis Charlie », les deux sens sont indissociables l'un de l'autre : dire « Je suis Charlie », c'est *à la fois* compatir avec les victimes et s'identifier au contenu nauséabond du journal.

Mais l'individu conditionné ne s'en rend pas compte ; pour lui, la phrase n'a que le sens numéro un. Il ne voit pas qu'elle a aussi le sens numéro deux, et du coup, il l'avale. En d'autres termes, il est à la fois l'auteur et la victime de sa propre manipulation. Plus il répète « Je suis Charlie », plus il découvre que ce journal – qu'il n'a peut-être jamais lu – n'est pas si crétin, après tout. Son inévitable narcissisme (tout le monde est narcissique) le conduit à oublier les défauts de Charlie Hebdo pour ne plus voir que ses qualités, s'il en a. En effet, symboliquement et émotionnellement, Charlie Hebdo, c'est lui-même.

Le processus d'identification joue à fond.

À cette personne, j'ai envie de dire : « Nous, vous n'êtes pas Charlie. Et heureusement. Sortez de cette illusion malsaine. Vous n'êtes pas plus Charlie que vous n'êtes les innombrables victimes de Bachar Al-Assad ou Bachar Al-Assad lui-même. Vous êtes vous, et personne d'autre. Ce n'est pas en s'identifiant aux morts qu'on les aide ; pour eux c'est trop tard. Ce sont les vivants que nous pouvons et devons aider d'une manière ou d'une autre. »

Lu sur Internet : « On oublie, qu'il y a 7 jours, 12 personnes étaient assassinées froidement, car dessinateurs, journalistes d'un journal satirique ! Je suis ces 17 morts, tout simplement ! »

Qu'est-ce que ça veut dire ?

Que ce monsieur est mort et ressuscité 17 fois ?

Non.

Qu'il regrette de ne pas être mort à la place des victimes ?

Permettez-moi d'en douter.

Alors... qu'est-ce que ça veut dire ?

Qu'à force de dire n'importe quoi, on y croit. Que l'habile Détritus a visé et atteint le cœur de la cible : l'identité même des Français – enfin, d'un grand nombre d'entre eux... Ils ont répété « Je suis Charlie ! » et maintenant ils se prennent réellement pour lui, comme ces supporters qui s'identifient si complètement à l'équipe de foot qu'ils soutiennent qu'ils crient « On a gagné ! » alors qu'ils n'ont pas mis un pied sur le gazon, ni touché le ballon rond. J'appelle ça une hallucination collective.

Ma propre cousine, qui est Charlie à fond, a écrit ce message au reste de la famille : « Vous comprendrez aisément que mon cœur saigne lorsque j'évoque le souvenir de ceux que je considère comme mes "frères de crayon" !!!.. » Les trois points d'exclamation sont d'elle. Quant à nous, qui sommes sa *vraie* famille, mais qui ne sommes pas aussi Charlie qu'elle, elle s'en bat l'œil : « J'aurais un dernier mot à rajouter, il s'agit d'une citation extraite d'une célèbre chanson de RENAUD intitulée "Mon Beauf"... "On choisit ses copains et rarement sa famille"!!! »

Détritus, vous êtes un génie.

Admirez votre œuvre : ma cousine renie sa grand-mère, sa tante, son oncle et ses cousines et affirme haut et fort être la sœur de gens qui, de leur vivant, ne savaient même pas qu'elle existait.

Non, s'il vous plaît, ne fais pas le modeste... ne dites pas « C'est à cause de l'attentat, je n'y suis pour rien... » L'attentat seul n'aurait pas donné ça. Il a fallu votre slogan sublime pour faire monter la mayonnaise des émotions et de l'irrationnel. Grâce à vous, l'affaire Dreyfus est de retour.

Bon à savoir : aux dernières nouvelles, il semblerait que le colonel Dreyfus n'était PAS innocent[1].

Autre réaction tirée d'Internet : « Contrairement à ce que j'aurais cru, après la marche d'hier, beaucoup de Français ne sont

---

1   https://syndicatdesjusticiables.wordpress.com/2014/04/15/le-capitaine-dreyfus-etait-coupable/
    https://archive.org/stream/DreyfusEstCoupable/Dreyfus%20est%20coupable%20!_djvu.txt

pas prêts à vivre ensemble. Parmi mes propres amis, certains accusent les dessinateurs de Charlie Hebdo, d'autres se révoltent contre les dessins sur l'Église Catholique, d'autres dénoncent une opération de récupération du parti socialiste et du Président de la République, etc. Personne ne semble penser aux 17 morts, assassinés froidement de façon honteuse. La Liberté ne se découpe pas en rondelles. »

Ce monsieur a certainement écouté Nathalie : il parle comme elle. À ses yeux, ceux qui n'aiment pas les dessins de Charlie-Hebdo ou dénoncent une opération de récupération ne veulent pas « vivre ensemble ». Mais là encore, qu'est-ce que ça veut dire ?

Que ces empêcheurs de charlifier en rond aspirent à la guerre civile ou veulent quitter la France (invraisemblable) ?

Ou plutôt que quelqu'un, quelque part, a décrété que les non-Charlie n'appartiennent pas à la « communauté nationale » ? Souvenez-vous : « c'est eux que nous devons repérer, traiter, intégrer ou réintégrer... »

La fin du message est elle aussi très intéressante : « La liberté ne se découpe pas en rondelles. »

Qu'est-ce que ça veut dire, exactement ? Que la liberté d'expression n'est pas négociable ? Qu'elle n'a pas de limite ? Mais alors, pourquoi l'humoriste Dieudonné a-t-il tant d'ennui avec la Justice et l'État ? Qu'est-ce qui ne se « découpe pas en rondelles », exactement ?

Les émotions, peut-être.

Ce monsieur est emporté par une vague puissante d'émotion, et ça le dérange que ses « propres amis » (qui peut-être ne le resteront pas longtemps...) pinaillent, analysent, trient, cherchent à comprendre, refusent de se laisser manipuler. Ce type d'activité intellectuelle et critique lui paraît bien mesquin, bien petit, en comparaison de l'élan viscéral qui le fait Charlie de la pointe des cheveux jusqu'au bout des orteils.

Mais si la Liberté ne se découpe pas en rondelles, s'il s'agit réellement du bien le plus précieux qui soit, pourquoi cet homme ne respecte-t-il pas celle de ses amis ?

Pourquoi ne se dit-il pas : « après tout, ils ont le droit de penser ce qu'ils veulent et de dire ce qu'ils pensent : à chacun son avis » ?

Avant la liberté d'expression, il y a la liberté de pensée. En France, celle-ci est à l'agonie. À preuve ces propos du journaliste Patrick Cohen, le 12 mars 2013 sur France 5, dans l'émission *C à vous* :

La présentatrice : Mais enfin on a le droit de penser ce qu'on veut, Patrick...

Patrick Cohen, *catégorique* : NON.

[Rires quelque peu gênés et stressés de la présentatrice, qui sent que son tout petit espace de liberté vient encore de se rétrécir.]

Patrick Cohen : Non, non, non, non, NON. On a le droit de penser ce qu'on veut DANS LES LIMITES DE LA LOI.

Et justement : la loi change.

Les limites rétrécissent.

L'étau se resserre.

1984, ce n'est pas hier. C'est demain. Aux États-Unis, un

projet de loi condamnant les « crimes de pensée » est déjà à l'examen. (Dans *1984*, le roman d'anticipation de George Orwell, les crimes de pensée sont sévèrement punis.)

Passons maintenant à quelques considérations sur l'attentat lui-même...

# 3. Quelques questions

Affaire Merah : sept morts, dont deux militaires musulmans d'origine maghrébine et un militaire chrétien d'origine maghrébine. Affaire Kouachi : dix-sept morts, dont deux policiers. L'un d'eux est un musulman d'origine maghrébine.

Il n'y a que des Arabes et des musulmans, dans la police et l'armée ?

Non.

Mais ils sont une majorité, quand même ?

Non.

A priori, ils ne représentent qu'une minorité de la police et de l'armée[2]. Mais alors comment se fait-il qu'ils soient ainsi *sur*représentés parmi les victimes des attentats islamistes ? Pourquoi sont-ils toujours au mauvais endroit au mauvais moment ? Jusqu'à preuve du contraire (et peut-être qu'elle viendra), en France les auteurs d'attentats islamistes sont tous des musulmans d'origine maghrébine. Ça ne les dérange pas, de tuer des gens qui leur ressemblent tant ?

Je m'interroge.

Mais peut-être que ce n'est qu'une drôle de coïncidence dénuée de toute signification. Ne cherchons pas la petite bête.

Autre énigme plus troublante : comment se fait-il que, lorsqu'il s'agit d'attentat islamiste, les représentants de l'ordre soient à la fois si incompétents et si efficaces ?

Incompétents pour *empêcher* les attentats.

Efficaces pour *trouver et éliminer sans procès* les terroristes. Vous me direz peut-être que lesdits terroristes oublient leurs cartes d'identité dans leur véhicule : ça leur mâche le travail. En

---

2    Les chiffres ne sont pas disponibles.

effet. Mais est-ce que ça éclaircit le mystère, ou est-ce que ça l'épaissit ? Le moindre petit délinquant a la prudence de laisser ses papiers chez lui, et ces terroristes non ? Sont-ils des imbéciles, ou est-ce nous que l'on prend pour des imbéciles ? Tout ça rappelle étrangement le 11 septembre...

Une hypothèse : et si la police était parfaitement au courant des attentats prévus ?

Et si elle savait précisément qui allait faire quoi, à l'avance ?

Ça expliquerait la facilité avec laquelle elle identifie et supprime les coupables, ou désignés coupables. Ça expliquerait aussi pourquoi le gouvernement avait retiré une voiture de police stationnée devant Charlie Hebdo. (En automne 2014, le ministère de l'Intérieur a mis fin à la présence permanente de deux policiers devant l'entrée du siège du journal.)

Mais peut-être que, emportée par une paranoïa mal venue, je tombe dans un délire de surinterprétation... Pourquoi ne pas me contenter, pourquoi ne pas *nous* contenter, de ce qu'on raconte à la télé ? C'est tellement plus reposant. Plus de doute, que des certitudes. D'un côté les gentils (laïcs, Charlie, français), de l'autre les méchants (les terroristes, mais aussi ceux qui ne font pas silence, ceux qui ne se sentent pas concernés, bref, tous les autres). Notre chère Nathalie a peut-être raison. Et si on accepte de partir de ce postulat, la vie devient un chouïa plus simple. Du moins pour un temps. On ne se fait pas traiter de conspirationniste-complotiste, c'est toujours ça de gagné...

Si les forces de l'ordre sont rapides comme la foudre quand il s'agit de localiser et tuer les terroristes islamistes, elles se montrent par contre aussi poussives de vieux mammouths fatigués lorsqu'il s'agit de capturer les pédocriminels, c'est-à-dire les violeurs, tortureurs et tueurs d'enfants. Et lorsqu'il s'agit de les condamner, la Justice fait preuve d'une langueur extrême.

Pourquoi ?

Je ne suis pas assez bien renseignée pour donner des réponses complètes et précises à toutes ces questions, mais comme l'émotion ne me trouble pas la cervelle, je me les pose.

J'ai certainement tort.

On dit que le diable est dans les détails ; parfois c'est la *vérité* qui est dans les détails.

La vidéo qui montre le meurtre du policier Ahmed Merabet est extrêmement louche. Elle présente de nombreuses bizarreries. Le genre de bizarreries qui échappent à un cerveau submergé par l'émotion, mais qui deviennent flagrantes lors d'une analyse plus sereine :

1/ Il y a une marque au sol, près de la roue avant gauche de la voiture. Une deuxième marque apparaît mystérieusement au sol, sous la voiture, au cours de la vidéo.

2/ Le terroriste a touché le policier à la tête, paraît-il. Pourtant sur la vidéo, il vise son bras, pas sa tête. Et aucun sursaut ne signale l'impact. Un peu de fumée monte, certes, mais pas du corps du policier, et encore moins de sa tête. La fumée semble provenir de sa main, ou du sol. Il n'y a pas non plus de sang, ni (pardon) de bouts de cerveau qui giclent. Pour avoir un point de comparaison, vous pouvez visionner le meurtre de Kennedy qui est, lui, indiscutablement réel.

3/ Pourquoi les terroristes n'ont-ils pas laissé un chauffeur dans leur véhicule ? Ils n'avaient pas peur de se faire piquer leur voiture, à l'abandonner comme ça en pleine rue ? Ils ne craignaient pas qu'un camion de la fourrière ne l'enlève ?

4/ Il y a une chaussure posée par terre, juste à côté de la voiture, que le terroriste ramasse calmement avant de partir. À qui appartient-elle ? Qu'est-ce qu'elle fait là ? Et pourquoi la ramasse-t-il ? D'après la version officielle, c'est pour éviter qu'une analyse ADN ne permette de l'identifier. Mais qu'est-ce qui donne à penser que c'est sa chaussure à lui ? Il a ses deux chaussures aux pieds. Pourquoi un terroriste emporterait-il une chaussure supplémentaire quand il part faire un attentat ? Pourquoi la poserait-il sur la route près de sa voiture ?

C'est pour le moins bizarre.

D'après un journaliste de la BBC, la vidéo a été faite en deux prises, ce qui explique le fait qu'une marque apparaisse sur le sol en cours de route, et que la marque près de la roue avant gauche ne soit pas au même endroit à différents moments de la vidéo. Un expert en armement interrogé par le journaliste pense qu'une balle à blanc a été utilisée, ce qui expliquerait l'absence de sang après un tir à bout portant. Si cette hypothèse est la bonne, elle expliquerait aussi la présence de la chaussure, qui aurait été placée là en tant que repère (tout comme les marques au sol), pour replacer la voiture à sa place exacte. On aurait donc affaire à un film, une fiction.

Attention. Je ne dis pas que Merabet n'a pas été tué. S'il est réellement musulman et maghrébin, ça suffit pour être sûr qu'il est bien décédé. Mais l'a-t-il été dans les circonstances affichées ? Et si oui, l'a-t-il été par les deux frères Kouachi ?

S'il a accepté de jouer un rôle dans la mise en scène de son propre meurtre, c'est certainement parce qu'un de ses chefs lui en a donné l'ordre.

5/ Autre bizarrerie : il n'y a personne sur la route. À cette heure-là et dans ce quartier de Paris, c'est tout à fait incompréhensible.

D'après le témoignage d'un internaute, il y a bien une explication : « la rue est vide, car la circulation a été déviée ce matin-là au moins à partir de 8h00, par la police. Des factions en motos et voitures, dont certaines postées à Colonel Fabien, rue Claude Vellefaux, et dans le 11e. À trois encablures de rue de Chedo, il fallait carrément se garer, et ces messieurs ont indiqué à tous les véhicules civils que nous ne pouvions reprendre nos véhicules et qu'il allait nous falloir aller en métro ou à pied. »[3] Pourquoi la circulation a-t-elle été déviée ? D'après cet internaute, le motif affiché était le tournage d'une émission télé. Tout s'explique... mais c'est tout de même une curieuse coïncidence. Une de plus.

Dernières questions : Helric Fredou, un policier qui enquêtait sur l'affaire Charlie-Hebdo, s'est suicidé. Son suicide a-t-il un rapport avec l'enquête qu'il menait ? Est-ce qu'on l'a suicidé ?

D'après le rapport de police, d'après sa sœur, d'après sa mère et d'après son médecin traitant, son suicide était complètement inattendu, il n'était absolument pas déprimé. Alors pourquoi les

---

3 http://mai68.org/spip/spip.php?article8359

25

médias officiels mentent-ils en le prétendant dépressif ?

Pour donner un peu de crédibilité à son « suicide » ?

Plus les informations émergent, plus cette hypothèse semble la bonne... Helric Fredou est mort d'une balle en plein front.

# 3. À propos du terrorisme...

Dans son essence, le terrorisme consiste à frapper une population à l'aveuglette, autrement dit, à tuer des innocents au hasard, ce qui, bien sûr, a un effet terrorisant sur ladite population.

Qui a ouvert cette sinistre voie ?

Les premiers à avoir utilisé de telles méthodes sont les révolutionnaires français.

*Le règne de la Terreur,* qui s'étendit de septembre 1793 à juillet 1794, est appelé ainsi parce que, pendant cette période, les dirigeants révolutionnaires à la tête de la nation française mirent en place des « mesures d'exception ». En clair, des exécutions massives et aléatoires.

N'importe qui pouvait se faire tuer sous le moindre prétexte et aussi sans prétexte. En ce court laps de temps, 16 594 personnes furent guillotinées et 25 000 exécutées par d'autres moyens. Selon d'autres estimations, le nombre total des victimes s'élève à 40 000. 72 % des victimes condamnées par les tribunaux révolutionnaires appartenaient au peuple.

Le mot *terrorisme,* attesté dès 1794, est dérivé de celui de *Terreur,* par référence à ces événements.

Le but des révolutionnaires était de réduire la population française du tiers. D'autres révolutionnaires voulaient carrément la réduire au tiers. Autrement dit, massacrer les deux tiers des Français ! (Ils n'y sont pas arrivés...)

Pourquoi une telle volonté d'extermination ?

Pour éviter la disette. La France était en crise ; les récoltes insuffisantes pour la population ; le massacre des aristocrates avait mis beaucoup d'ouvriers et artisans (ceux qui travaillaient pour eux comme parfumeurs, coiffeurs, etc.) au chômage. La famine aurait pu créer des troubles qui auraient menacé le pouvoir en place et compromis la Révolution. Puisqu'on ne pouvait pas augmenter la quantité de nourriture, il fallait diminuer le nombre de bouches à nourrir.

Inutile de préciser que ces révolutionnaires ne se sont pas radicalisés en lisant le Coran... C'est dans les loges maçonniques qu'ils ont assimilé le célèbre slogan *Liberté, égalité, fraternité* et acquis la conviction que la fin justifie les moyens, tous les moyens : que des milliers d'innocents périssent, si la Révolution est à ce prix !

Pour eux, raisonner de cette manière c'était faire preuve d'un « saint fanatisme ».

D'après Aymeric Chauprade, géopoliticien :

> « Le terrorisme est d'abord un fait étatique. C'est d'abord le fait des Services de renseignements qui ont la vision, la volonté, les moyens, la logistique pour mener à bien de telles opérations... en utilisant les illuminés, les idéologues, les fanatiques... »

Cette analyse du terrorisme contemporain peut être vraie comme elle peut être fausse, mais ce qui est sûr, c'est que le terrorisme a commencé comme un fait étatique.

En Russie rebaptisée URSS, le gouvernement communiste était lui aussi un grand terroriste : sous Lénine, n'importe qui pouvait se faire assassiner. Les étudiants et les jeunes gens un peu trop beaux étaient exécutés sans pitié. (Lénine détestait l'art en particulier, et la beauté en général.) Les hommes d'Église étaient torturés avant d'être assassinés.

Les choses ont changé.

À l'époque communiste comme en 1793, les terroristes étaient clairement identifiés : il s'agissait des révolutionnaires russes ou français, qui faisaient régner la terreur à visage découvert. Depuis, les terroristes se sont mis aux cagoules, gages d'anonymat. Lorsque des attentats terroristes ont lieu, on ne peut jamais être sûr que les auteurs présumés sont les auteurs réels.

Prenons quelques exemples.

Plus de 150 000 morts et 30 000 disparus : De 1992 à 2004, en Algérie, d'innombrables personnes (hommes, femmes, enfants) ont été massacrées dans des circonstances barbares. Ces massacres sont, jusqu'à aujourd'hui, massivement attribués aux *terroristes islamistes* par les médias.

Pourtant ce n'étaient pas eux, les coupables.

Dans *La sale guerre* (2001), Habib Souaïdia, ancien officier ayant appartenu aux troupes spéciales de l'armée algérienne, raconte comment pendant toute cette période des militaires se faisaient pousser la barbe et s'habillaient en islamistes puis allaient massacrer des habitants. Les autres militaires recevaient des consignes de non-intervention pendant que se déroulaient les meurtres. Naturellement, ces assassinats horribles étaient attribués aux islamistes et créaient un climat de suspicion, de confusion et la peur.

Habib Souaïdia témoigne en ces termes :

> « J'ai vu des collègues brûler vif un enfant de quinze ans. J'ai vu des soldats se déguiser en terroristes et massacrer des civils. J'ai vu des colonels assassiner, de sang-froid, de simples suspects. J'ai vu des officiers torturer, à mort, des islamistes. »

Les militaires torturaient et tuaient les islamistes, mais aussi les familles des islamistes et les civils qui n'avaient strictement rien à voir là-dedans.

Ils les torturaient à coups de gourdin, en leur faisant boire d'énorme quantité d'eau mélangée à de l'eau de javel ou à des détergents, et ils les torturaient aussi à l'électricité et les brûlaient morts ou vifs.

Le témoignage de Habib Souaïdia est confirmé par celui de Karim Moulai. Cet ancien officier de l'armée algérienne a lui aussi rompu le silence et fait des révélations explosives sur l'implication du DRS algérien dans des massacres de civils durant la décennie noire (1991-2000).

Il a reconnu que des officiers algériens recevaient des ordres de leurs hiérarchies, pour se déguiser en maquisards islamistes, faire des raids sur des villages et y massacrer hommes, femmes et enfants. À visage découvert, il a expliqué à la chaîne Al Hiwar :

> « Dans les coffres de nos voitures, on était muni de stocks de fausses barbes, de Qamis afghans et de turbans, on se déguise avec, avant de fondre sur nos victimes... »

Bref, le pouvoir et l'armée ont fait porter aux islamistes le chapeau de leurs propres crimes immondes.

Prenons un autre exemple, plus récent, d'attentat terroriste dont les auteurs réels ne sont certainement pas les auteurs présumés.

Le massacre de l'école militaire de Peshawar a eu lieu le 16 décembre 2014 dans une école publique de l'armée à Peshawar, dans la province de Khyber Pakhtunkhwa, au Pakistan. D'après le bilan officiel, il y aurait eu 141 personnes tuées, dont 132 enfants. C'est l'attaque terroriste la plus meurtrière de l'histoire du Pakistan. Elle est attribuée à un groupe de talibans.

Sur une photographie parue dans la presse, on voit les habitants de Peshawar pleurer les victimes de l'attentat lors d'un rassemblement public. Debout sur une estrade, une femme tient dans ses mains les photos de trois enfants tués à Peshawar. L'une des photos est celle d'un petit garçon.

Or deux ans plus tôt, aux États-Unis, on trouvait la même photo du même petit garçon parmi les photos des victimes de la tuerie qui a eu lieu dans l'école élémentaire de Sandy Hook à Newtown, Connecticut, le 14 décembre 2012. À l'époque, le petit garçon s'appelait Noah Pozner. Ce garçonnet est donc mort deux fois : une première fois à Sandy Hook en 2012, et une seconde fois deux ans plus tard à Peshawar.

Qu'est-ce que ça peut bien vouloir dire ?

Au moins trois choses :

1/ Que ces deux attentats, qui n'ont apparemment rien à voir l'un avec l'autre et que des milliers de kilomètres séparent, sont reliés ;

2/ Que parmi les victimes, il y a des figurants, c'est-à-dire des morts fictifs, comme ce petit garçon ;

3/ Qu'on nous mène en bateau quant aux organisateurs *réels* de ces attentats-cinéma.

# 4. À qui profite le crime ?

Un vieil adage juridique indique que pour identifier le coupable, il faut déterminer à qui profite le crime. Cet adage repose sur une vérité toute simple : les criminels ne sont pas idiots. La plupart n'agissent pas pour l'amour de l'art ; ils ne volent pas pour voler, ils ne tuent pas pour tuer. S'ils enfreignent la loi, c'est qu'ils ont quelque chose à y gagner. Il y a donc de fortes chances pour que celui à qui profite le crime en soit l'auteur ou l'organisateur, la main ou le cerveau.

Alors demandons-nous à qui profitent les attentats qui ont eu lieu les 7 et 9 janvier 2015 ?

Certainement pas aux frères Kouachi. Certainement pas à Amedy Coulibaly. Certainement pas aux musulmans de France, dont la cote de popularité qui n'était déjà pas fameuse a vertigineusement chuté.

À qui, donc ?

Au Président François Hollande et au Premier ministre Manuel Valls.

Tous deux ont vu leur cote d'amour monter en flèche dans les sondages. Aujourd'hui, le Président est considéré comme un bon président par 30% des Français et Manuel Valls est apprécié par 69% des sondés qui le trouvent rassembleur, et 78% qui l'estiment à la hauteur. Redressement spectaculaire : avant les attentats, on les détestait ; depuis les attentats, on les respecte.

Mais ce n'est pas seulement à François Hollande et à Manuel Valls que les attentats ont été bénéfiques.

Libération a été racheté par la famille Rothschild, et c'est Libération qui prend en charge l'impression du dernier numéro de Charlie Hebdo (7.000.000 d'exemplaires).

Et là, je voudrais m'adresser à tous ceux qui, sous le coup de l'émotion, se sont abonnés à Charlie-Hebdo : est-ce que vraiment, vous voulez enrichir les Rothschild ?

Est-ce que votre amour de la liberté d'expression va jusque-là ?

# 5. Charb

Dès qu'on se calme, dès que la sympathie, la pitié, l'indignation, la colère et la douleur s'apaisent, cette affaire qui paraissait d'une simplicité absolue semble tout de suite beaucoup moins simple.

Tous les coupables sont-ils morts ? Tous les morts sont-ils innocents ?

Si vous vous posez ces questions avec assez d'insistance, et si vous cherchez les réponses un peu partout, et pas seulement dans les médias dominants, vous aussi vous perdrez l'envie d'être Charlie.

Quand on oppose les émotions et la raison, on a raison. Il est parfaitement exact que, sous le coup de l'émotion, on raisonne peu et mal. On ne saisit pas les nuances. On rate les détails. On ne voit plus qu'en noir et blanc et parfois, on prend l'un pour l'autre. Si vous aimez la vérité, si vous voulez la connaître, réfléchissez calmement. La logique est paralysée par les émotions fortes, tandis qu'elle s'épanouit en climat tempéré : ni trop chaud, ni trop froid.

Quand on nous parle de Charb dans les médias, les mots sont soigneusement choisis pour évoquer l'innocence et susciter la pitié et un sentiment de fraternité : il avait « le visage pâle et perdu d'un enfant triste », il était « le petit frère maigrelet », il faisait des « petits dessins »... à croire que Charb était un gamin attendrissant gribouillant dans la marge de son cahier d'école : un marmot à la Robert Doisneau...

La réalité était un chouïa différente, ou du moins, la réalité a plusieurs facettes et il serait peut-être bon de les connaître toutes.

Charb avait 47 ans. Un peu vieux pour incarner l'enfant, le petit frère.

Charb était l'amant du dessinateur Luz, qui l'a solennellement révélé lors de ses funérailles : « Qu'est-ce qu'on s'est enc... toutes ses années ! »

Selon Siné, toute l'équipe de Charlie-Hebdo copinait avec le pouvoir. Charb, soucieux de son avenir, n'a pas voulu se solidariser avec le dessinateur chassé pour « antisémitisme » : cela aurait nui à sa carrière. Ce choix prudent a réussi à Charb, puisqu'il a pris la tête de Charlie-Hebdo.

Voici ce que Delfeil De Ton dit à propos de Charb : « C'était une tête de lard. Il était le chef. Quel besoin a-t-il eu d'entraîner l'équipe dans la surenchère ? Novembre 2011, premier attentat contre « Charlie Hebdo », incendie des locaux après un numéro surtitré « Charia Hebdo ». Je reprends les propos filmés de Wolin, que je repris alors dans L'Obs : *Je crois que nous sommes des inconscients et des imbéciles qui avons pris un risque inutile. C'est tout. On se croit invulnérables. Pendant des années, des dizaines d'années même, on fait de la provocation et puis un jour la provocation se retourne contre nous. Il fallait pas le faire.* Il fallait pas le faire mais Charb l'a refait. [...] La police avait alors arrêté un homme venu pour tuer Charb avec un couteau. Charb et un ou deux autres étaient protégés par des gardes. Tous ne l'étaient pas, et surtout pas Cavanna, qui se déplaçait dans son quartier Maubert avec son Parkinson, devenu si fragile, et qu'une simple poussée aurait envoyé à l'hôpital et c'était sa fin. J'en étais malade. Charb disait à une journaliste du Monde : *Je n'ai pas de gosse, pas de femme, je préfère mourir debout que vivre à genoux.* »

On peut trouver Charb très courageux, on peut le trouver admirable, mais le côté gamin lunaire qu'on cherche à lui donner depuis sa mort me paraît quelque peu artificiel. Et surtout, il faut choisir : est-ce que Charb est un héros, un martyr de la liberté d'expression, ou était-ce un gamin un peu paumé qui faisait de gentils petits gribouillis sans penser aux conséquences, en toute innocence ?

Les deux versions ne me semblent pas compatibles, mais peut-être que vous êtes d'un autre avis.

Passons aux gribouillis en question.

Si on se fie à eux, et on peut s'y fier puisque Charb était prêt à mourir pour eux, Charb ne méprisait pas seulement le christianisme et l'Islam, il méprisait aussi tous les chrétiens et les musulmans, sinon il ne serait jamais permis tout ce qu'il s'est permis.

Que ressentiriez-vous si vous étiez représenté comme un pédophile ou un zoophile ? Que ressentiriez-vous si vous étiez représenté comme un être laid au moral et au physique, nu et dans une position obscène, en première page d'un journal ?

Je pense que vous le vivriez extrêmement mal. À vrai dire, tout le monde le vivrait extrêmement mal.

Pour un musulman sincère, le prophète Muhammad est plus cher que tout. Plus cher que son père, sa mère, ou lui-même. Du coup, ce que ressent ce musulman quand il voit le prophète moqué et traîné dans la boue, c'est un peu ce que pourrait ressentir n'importe qui s'il se voyait caricaturé de la manière la plus agressive, insultante et scatologique.

Ou, pour prendre un autre point de comparaison, ce que la plupart des gens ressentiraient si on se moquait des six millions de morts de la Shoah en les présentant dans des postures obscènes, en tournant leurs souffrances en dérision, etc. Insupportable, n'est-ce pas ? (Désolée de vous infliger des expériences de pensée aussi pénibles...)

Charb se moquait aussi des victimes.

Quand Al-Sissi, le dictateur qui a pris le pouvoir en Égypte, a massacré mille cent cinquante personnes qui protestaient pacifiquement contre lui, Charb a fait un dessin pour se moquer d'eux et de leur religion. Le thème de ce dessin : votre foi en Dieu ne vous a pas protégé contre les balles, vous avez été tué quand même, ha, ha, ha, c'est trop drôle... (Comme si quelqu'un, quelque part, avait dit que croire en Dieu rendait immortel !)

Est-ce que c'est ça, la liberté d'expression ?

Est-ce que la liberté d'expression, c'est la liberté de cracher sur les victimes son venin, son mépris et sa haine ?

Peut-être.

On en reparlera.

Aujourd'hui, les ventes de Charlie-Hebdo explosent. Des gens qui n'avaient jamais lu ce journal se ruent pour l'acheter. Le premier tirage est épuisé en une heure. Soutenons la liberté d'expression... montrons notre solidarité... sortons notre porte-monnaie... Les gens croient de plus en plus que le seul pouvoir qu'il leur reste, c'est celui de dépenser son argent d'une certaine manière, autrement dit, celui de consommer.

Le pire, c'est qu'ils ont peut-être raison.

Peut-être que la seule liberté qu'il nous reste, c'est de choisir entre Charlie-Hebdo et Libé.

Mais si c'est le cas, est-ce qu'il ne serait pas grand temps de remettre le système en question, justement ?

# 6. Les limites de la liberté d'expression

Je ne vais rien dire de bien original, mais permettez-moi quand même de vider mon sac.

Pourquoi la vie de quatre dessinateurs français pas vraiment drôles serait-elle plus sacrée et plus précieuse que celle de mille cent cinquante Égyptiens ? D'un point de vue purement arithmétique, 4 ne fait pas le poids face à 1 150.

Alors pourquoi ?

Voici ce que m'a répondu un membre de ma famille : « Si on voulait manifester contre toutes les exactions et crimes dans le monde, il faudrait manifester sans cesse. Là on est choqués par le fait que les crimes des djihadistes sont commis au nom d'Allah, de sang-froid. Entre ne réagir jamais (peu satisfaisant pour moi) et réagir à toutes les victimes (impossible), réagir aux crimes de ceux qui veulent imposer aux autres leur manière de penser, leur Vérité, n'est pas idiot : c'est de l'instinct de conservation. »

Ce qui est bizarre, c'est que cette personne est athée. Du coup, je ne comprends pas en quoi le fait que le meurtre ait été commis « au nom d'Allah » le rend plus choquant pour elle.

Logiquement, ça devrait le rendre plus choquant pour les musulmans. C'est eux qui pourraient éventuellement se dire « Mince, peut-être que ma religion n'est pas si bien que ça, après tout, puisqu'on tue au nom d'Allah ! » Ceci dit, cette réflexion perd beaucoup de son mordant dès qu'on se souvient de ce qu'on fait les croisés, eux aussi au nom de Dieu : tuer, rôtir et manger des hommes, des femmes et des enfants, parce qu'ils étaient musulmans. C'est du passé ? Oui et non. En Afrique, de nos jours, des chrétiens massacrent des musulmans en grand nombre. Parfois, ils les mangent. L'Histoire se répète.

N'importe qui peut faire n'importe quoi au nom de Dieu, et n'importe qui le fait.

Mais ce qui est sûr, c'est qu'un athée n'a aucune raison d'être déstabilisé par l'attentat de Charlie-Hebdo.

Au contraire, cet attentat ne fait que le conforter dans ses croyances : il pensait déjà que la religion est l'opium du peuple, la cause de tous les maux sur terre, et voilà qu'il en reçoit une éclatante confirmation au journal de 20 heures. À ses yeux, tout est logique, tout est cohérent. La version officielle lui convient : elle le caresse dans le sens de ses convictions. C'est peut-être pour ça qu'il l'accepte si facilement, malgré ses multiples failles.

Je ne vois pas non plus en quoi le fait que le meurtre soit commis « de sang-froid » le rend plus choquant que s'il avait été commis sous le coup d'une émotion brûlante. D'ailleurs, ceux qui disent ça ne savent pas dans quel état émotionnel étaient les frères Kouachi lorsqu'ils ont commis ces meurtres... Personne ne le sait, personne ne le saura.

Je pense que si beaucoup de gens qui ne manifestent jamais ont manifesté cette fois-ci, c'est pour une raison plus basique, une raison dont ils n'ont pas conscience : les médias les ont incités à manifester. Ce qui est tout à fait exceptionnel. En général, les médias présentent une image plutôt négative des manifestants, qui apparaissent comme de simples marcheurs, promeneurs du dimanche participant à des cortèges qui ne valent pas celui du 14 juillet.

Cette fois-ci par contre, les médias ont présenté les manifestants comme des héros. Des anges, puisqu'il ne « faut pas faire d'angélisme... »

Ce que dit ma mère (c'est elle le membre de ma famille) n'est pas non plus en phase avec ce qui se passe réellement. Elle veut « réagir aux crimes de ceux qui veulent imposer aux autres leur manière de penser, leur Vérité », comme si les islamistes ou les musulmans avaient le pouvoir d'imposer leur point de vue.

Soyons réalistes deux secondes : pour imposer son point de vue à un pays, il faut avoir le contrôle de ses médias. En France, ce sont les sionistes qui l'ont, pas les musulmans. C'est pour ça que l'Holocauste est intouchable. Sacro-saint.

Mais le dire comme je le dis, c'est dépasser les limites de la liberté d'expression. Par contre, insulter les prophètes et médire d'eux, c'est être au beau milieu du centre de la liberté d'expression.

En clair, la liberté d'expression a pour circonférence les bords du mensonge : tant que vous mentez, vous êtes libre de dire tout ce que vous voulez. Il n'y a que la vérité qui n'ait pas droit de cité. Il n'y a qu'elle qu'il faut taire. Cette sans-papier n'obtiendra jamais la nationalité française.

# 7. Attention, chien méchant

Il n'y a pas si longtemps, la France était composée de David, Damien, Ahmed, Julia, Kevin, Sophie, Aïcha, etc. Aujourd'hui, la France est composée de Charlie et de pas-Charlie. Quel appauvrissement. Quelle tristesse. J'espère que cette *reductio ab Charlum* ne va pas durer, mais je crains qu'elle laisse des traces, comme l'affaire Dreyfus.

Ce que je déplore le plus, dans tout ça, c'est que tant de gens gardent le nez sur l'actualité pour donner un sens à l'univers. Bon, ce n'est pas très clair, j'avoue. Ce que je veux dire par là, c'est que pour savoir ce qu'il faut penser de la vie, la mort, les religions, etc., ils se fient à des événements tout frais, et dont ils ne peuvent même pas savoir s'ils ont vraiment eu lieu comme on les leur raconte.

« Il y a un attentat terroriste ? Cabu est mort, tué par un islamiste ? C'est que l'Islam ne vaut rien ! Après ma mort, je me réincarnerai en moine tibétain. Le bouddhisme, c'est cool. Vraiment très zen. »

Raisonnement hyper-approximatif qui révèle un cruel manque de profondeur. C'est facile d'être superficiel et un peu crétin, il suffit de se laisser porter par le courant. (Car oui, il y a un courant.) Le chemin de gauche est une pente. On le dévale sans y prendre garde. Il y a du monde pour nous tenir compagnie. Et on arrive où à la fin ? Ne posez pas la question, ou posez-la au journal de 20 heures, c'est lui qui a toutes les réponses.

Le chemin de droite est ardu. On le grimpe à la force des

mollets. Il y a moins de monde pour nous tenir compagnie. Parfois, on est même complètement seul. Mais quand on arrive en haut, au sommet... bref.

Permettez-moi d'être complètement sincère, ça soulage. En France, il n'y a pas d'avenir pour les musulmans. Les derniers événements le confirment : depuis l'attentat de Charlie-Hebdo, combien de mosquées vandalisées et de femmes voilées agressées, frappées ? Je ne compte pas, de toute façon les chiffres augmentent tous les jours.

Des policiers en civil débarquent au domicile d'une famille musulmane sans histoire, tabasse les jeunes filles qui s'y trouvent, frappe et électrocutent avec un taseur la mère de famille quand elle rentre chez elle, menottent le fils quand il rentre à son tour.

Un musulman de 47 ans se fait poignarder de 17 coups de couteau par son voisin, sans doute accro aux informations, qui hurle « C'est moi ton Dieu ! C'est moi l'Islam ! » Avant de mourir, le musulman lève l'index et prononce l'attestation de foi : « J'atteste qu'il n'y a de dieu que Dieu et que Mohammed est le messager de Dieu ». Son agresseur lui mord le doigt et le lui arrache avec les dents. Sa femme, qui a assisté à la scène et tenté de défendre son mari, s'enfuit, blessée, avec son bébé pour le sauver.

Une famille musulmane sur le point de quitter la France pour la Tunisie perd la garde de ses enfants. Cinq enfants, dont un bébé de trois mois qui tète encore, sont arrachés à leur mère. Prétexte ? Le père est soupçonné de « radicalisme ». (Comprenez qu'il porte la barbe et fait ses cinq prières par jour.) Soupçonné aussi de vouloir partir en Syrie, ce qui est faux : tout ce qu'il voulait, c'était quitter la France avec sa famille pour s'installer en Tunisie, loin de l'islamophobie et des problèmes.

Ceci dit, c'est dans l'ordre des choses. Entre la haine et

l'amour de l'Islam, la marge est étroite. Il y a plus de quinze siècles, les premiers musulmans aussi se sont fait persécutés, frappés, parfois tués. Eux aussi ont été retenus de force quand ils cherchaient à s'enfuir. Et dans certains cas, leurs enfants ont été retenu en otage. L'Histoire se répète.

Parlons maintenant des imbéciles.

La plupart ont une conception de la responsabilité à géométrie variable. Ils se considèrent comme irresponsables de ce que font leurs coreligionnaires et, bien souvent, comme irresponsables de ce qu'ils font eux-mêmes. Par contre, s'ils voient une femme qui cache ses cheveux, ils la considèrent illico comme responsable ce qu'a fait quelqu'un d'autre

Si vous leur dites que ce sont des athées qui ont déclenché la première et la Deuxième Guerre mondiale, est-ce qu'ils auront honte ?

Non, bien sûr que non. Même s'ils sont athées eux-mêmes.

Mais ils s'attendent à ce que tout musulman se sente responsable, et plus précisément coupable, de ce que font d'autres musulmans qu'il ne connaît pas et qui ne lui ont pas demandé son avis avant d'agir.

Aujourd'hui (14/01/15), les gens se battent à coups de poing pour obtenir le dernier numéro de Charlie-Hebdo... Comment l'amour de la liberté pourrait-il conduire à une hystérie de type « soldes » ?

Impossible.

Ce qui prouve que depuis le début, il n'a jamais été réellement question de liberté.

Peut-être qu'un de ces jours, ce ne sera plus la minute de silence qui sera obligatoire, mais la minute de larmes. Tout le monde devra être ému sous peine d'être « repérer, traiter, intégrer ou réintégrer ». Certains hypocrites cacheront un oignon dans leur mouchoir ; la police des larmes vérifiera leurs poches. Ceux qui trichent le paieront cher.

Il n'est pas question de liberté, en réalité. Le mot *liberté* n'est là que pour faire joli. Pour susciter des émotions agréables et intenses. On se fiche de son véritable sens, on veut juste ses connotations. La preuve : pour défendre cette prétendue liberté, une pure fiction, d'innombrables lois et policiers vont très bientôt pleuvoir sur le peuple de France. (C'est une petite prédiction météorologique je me permets de faire, sans courir le moindre risque de me tromper.) Les Parisiens n'avaient déjà plus le droit de faire du feu dans leur cheminée, alors qu'est-ce que ça va être dans quatre ou cinq ans !

Un détail ? Oui. Mais révélateur. Chez vous, vous n'êtes plus chez vous. *Charbonnier n'est pas maître chez soi.*

Je mélange tout ?

Il s'agit juste de voir les liens, de connecter les points.

Il y a de cela moins d'un siècle, les gens partaient du principe que tout ce qui n'est pas interdit est autorisé ; de nos jours, les gens partent du principe que tout ce qui n'est pas autorisé (explicitement autorisé) est interdit. Autrement dit, ils raisonnent comme des esclaves. « Monsieur ! Monsieur ! Je peux aller aux toilettes ? »

Quel rapport avec Charlie ?

Charlie-Hebdo aboyait dans les clous. C'était un chien méchant mais fidèle qui défendait son maître. Il montrait les dents aux faibles et respectait les forts. Aujourd'hui, ceux qui se sentent Charlie aboient comme eux du bon côté de la barrière. (Enfin, bon, ça se discute.) Ils manifestent quand on leur dit ou suggère de manifester. Ils achètent le journal qu'on leur dit ou suggère d'acheter. Quand de prétendus sages leur montrent du doigt la lune, ou autre chose, ils regardent ce qu'on leur montre sans jamais se demander : « *Qui* me montre ça ? *Pourquoi* me montre-t-on ça ? Est-ce que c'est vraiment *moi* qui veux ce que je veux ? »

Robotisés par des années de conformisme, ils ne se rendent pas compte que quelqu'un tient leur télécommande.

Et le pire, c'est qu'ils ne veulent pas s'en rendre compte.

C'est vrai que le réveil serait rude.

Mais qu'est-ce qu'il vaut mieux : une fiction de moins en moins confortable, ou une réalité de plus en plus confortable ?

À long terme, le mensonge se révèle toujours un mauvais choix.

# 8. Un métier de feignant

Revenons à Charlie-Hebdo.

Dans le premier numéro depuis les attentats (celui qui suscite l'hystérie), les dessinateurs défunts apparaissent littéralement comme de petits anges.

Le message ? Aujourd'hui ils sont au Paradis, ils s'éclatent. Je suppose que cela signifie que Dieu porte un amour tout particulier à ceux qui Le renient. Dieu éprouve de la tendresse pour les athées, mais oui, c'est logique. Tous ceux qui détestent Son nom, qui refusent d'obéir à Ses lois, et qui crachent sur Ses messagers auront droit aux Houris aux grands yeux. Quant aux croyants, je suppose qu'ils brûleront tous en enfer, ne serait-ce que pour la symétrie.

Cependant il y a tout de même quelque chose de pertinent dans ce dernier numéro.

C'est cette réflexion finale : « Dessinateur à Charlie-Hebdo c'est vingt-cinq ans de boulot. Terroriste, c'est vingt-cinq secondes de boulot. Terroriste : un métier de feignant et de branleur. »

Ça, c'est vrai.

Détruire est facile. Rapide. Et les terroristes s'imaginent prendre une voie rapide pour le Paradis, alors qu'il n'y a pas de voie rapide. Ce sont des feignants, effectivement. Ils supposent qu'il y a moyen de tout obtenir avec un minimum d'effort. On peut tout obtenir, oui, mais avec un maximum d'effort et de l'*endurance*. La patience est la moitié de la foi, ce qui suggère nettement que l'impatience est la moitié de la mécréance.

Le seul dessin d'eux que j'ai jamais trouvé drôle, c'est celui où le prophète Muhammad dit : « C'est dur d'être aimé par des cons ». Celui-là m'a fait sourire. Il ne tourne pas en dérision le prophète, mais les musulmans les plus radicaux.

Vous vous demandez peut-être pourquoi je les appelle *musulmans* et pas *islamistes*. Parce que ce n'est pas à moi de leur refuser ce titre. Un musulman peut faire de graves conneries, peut même mériter la mort pour ses crimes, tout en restant musulman. D'ailleurs, même dans l'au-delà il n'est pas protégé : selon le Coran et la Sounnah, un musulman peut très bien séjourner longuement (mais pas éternellement) en enfer s'il le mérite.

Comme dit un proverbe arabe, *âne à l'aller* [du pèlerinage], *âne au retour*. L'islam n'immunise pas contre la stupidité.

Le christianisme et le bouddhisme non plus.

L'agnosticisme, l'athéisme et le satanisme non plus.

# 9. « Je suis un canard ! »

Il n'y a qu'en idiocratie que les truismes prennent une dimension révolutionnaire. Dire « Je ne suis pas Charlie » ou « Je suis moi » devant des Charlie, c'est s'attirer des regards de travers et des réactions indignées. Pourtant, il ne s'agit que d'un pléonasme au même titre que « monter en haut », « descendre en bas » et « un quart d'heure avant sa mort, il était encore en vie ». Mais quand l'émotion est reine, l'irrationnel est roi.

Un de ces jours, dire « 1+1=2 » sera sévèrement puni. Les rebelles qui oseront murmurer cette addition seront illico envoyés à l'hôpital psychiatrique pour y être, selon l'heureuse formule de Nathalie de Saint Cricq, « traités ».

Traités de quoi ?

Traités de schizophrènes, comme à la belle époque, en Russie/URSS.

Traités comment ?

Traités aux électrochocs, comme à la belle époque, en Russie/URSS.

Vous pensez que j'exagère alors que nous approchons à grands pas de ce monde-là. Mais qu'est-ce qui pourrait bien choquer, dans « 1+1=2 » ? La même chose qui choque dans « Je suis moi ».

Le rappel d'une évidence qui, perçue et comprise, démolirait tant de mensonges qui ne tiennent debout que sur son silence. Lorsque la vérité sort des oubliettes où on l'a enfermée, lorsqu'elle se fait entendre et connaître, le mensonge échafaudé sur sa censure s'écroule. Chaque idole aura son crépuscule ; toutes finiront par terre.

Les slogans apprennent à ne pas penser. Ils ne simplifient pas : ils appauvrissent. Ils épuisent et tarissent l'intelligence qui s'y complaît. À leur insu, ceux qui les répètent utilisent la méthode Coué contre eux-mêmes. Les mêmes qui ricanent à l'idée qu'on puisse répéter vingt-cinq fois par jour « Tous les jours, à tous points de vue, je vais de mieux en mieux » (*stupide !*) répètent cinquante fois par jour, à l'oral ou à l'écrit, en direct ou sur Internet, « Je suis Charlie ». Ils ignorent, apparemment, que la méthode Coué, ça marche – y compris sur ceux qui n'y croient pas. Alors ils continuent à se laver le cerveau.

Tiens mais au fait, qu'est-ce que ça veut dire, littéralement, « je suis Charlie » ?

Ça veut dire : « je suis un journal hebdomadaire satirique français faisant une large place aux illustrations et notamment aux caricatures politiques ». En d'autres termes, « je suis un canard ».

Évidemment, celui qui dit ça n'est pas un journal. Il n'est même pas à la tête de ce journal. C'est tout au plus un lecteur de ce journal. (Et bien souvent, ce n'est même pas un lecteur de ce journal – mais il va s'y mettre, promis. Il va combler cette lacune impardonnable dans sa culture générale. Il va étudier en profondeur les subtilités d'un humour aussi scatologique et misogyne que lourd. Et à force d'y chercher des finesses qui n'y sont pas, il les y trouvera. Faites-lui confiance.) Si « Je suis Charlie » paraît un poil moins absurde que « Je suis un journal hebdomadaire », c'est simplement parce que Charlie est un prénom. Mais sur le fond, l'énoncé n'est pas moins débile.

Quand on dit quelque chose de vraiment stupide et irrationnel, comme « je suis un journal hebdomadaire », on est gêné par ceux qui disent quelque chose de vrai qui, par contraste, fait ressortir l'absurdité de sa propre déclaration. Comme ceux qui disent « Je ne suis pas Charlie » ou qui disent « Je suis moi, Victor Clampin, et personne d'autre ».

Ces énoncés-là sont terre-à-terre, en effet. Mais, à la différence de l'autre, ils sont *vrais*.

L'idiocratie, ce n'est pas seulement le règne de la bêtise. C'est aussi celui de la métaphore.

Pas la métaphore avouée, celle (poétique) qui se montre pour ce qu'elle est, mais la métaphore sournoise et trouble, celle qui joue un double jeu. Métaphore qui crée une confusion propice à toutes les arnaques entre sens littéral et sens figuré. Vous croyez qu'elle ne pourra jamais vous duper ?

Elle vous a cent fois plumé.

# 10. Fausses identités et manipulations mentales

Chaque fois qu'on se prend pour ce qu'on n'est pas, il y a des conséquences.

Quand un être humain se prend pour un singe (théorie de l'évolution), il se sous-estime et surestime les grands singes, qu'il vénère comme ses ancêtres. Il se met au naturisme, ou du moins, ne se permet plus d'être contre. Il dérive dans l'existence en se demandant ce qu'il fait là.

Quand un homme se prend pour une femme, il s'inflige diverses mutilations. Il se fait greffer des seins en silicone. Il avale des hormones. Il dépense toute son énergie pour devenir ce qu'il ne deviendra jamais. Il se prostitue pour financer la métamorphose dont il rêve et qui lui échappera toujours.

Quand un homme se prend pour une tigresse (Dennis Avner, dit Catman), il se fait refaire les yeux, les pommettes, etc. pour ressembler à cet animal. Il se fait tailler les dents en pointe. Et pour finir, il met fin à ses jours.

Quand un homme se prend pour un canard, il l'achète. Il s'y abonne. Il le défend bec et ongle contre ceux qui le critiquent. Il s'identifie à son humour douteux et confond sa vacuité avec de la profondeur. Au lieu d'examiner les idées de cet hebdomadaire avec son esprit critique, comme il le ferait pour n'importe quel autre journal, il les adopte.

Il peut vous paraître étrange que je dévalorise le slogan « Je suis Charlie » au nom de la vérité.

Après tout, vous le savez bien que vous n'êtes pas un journal et que vous ne vous appelez pas Charlie ! Ce n'est qu'une image...

Oui. Une métaphore.

Il n'y a rien de plus traître.

Votre cerveau ne fait pas la différence. Quand il vous entend dire « Je suis Charlie », il vous croit. Même si consciemment, vous savez bien que vous n'êtes pas Charlie mais [complétez en mettant ici votre vrai prénom], votre subconscient, lui, reçoit le message « Je suis Charlie » et l'accepte.

D'autant plus facilement que, la première fois que vous avez entendu ou lu ce slogan, vous étiez sous le coup d'une émotion violente, sous le choc de l'attentat.

Une fois, je suis allée chez le dentiste pour me faire soigner une carie et celui-ci a raté son anesthésie. Une vraie torture. En face du fauteuil où je hurlais de douleur, une affichette publicitaire se trouvait collée sur le mur. En sortant du dentiste, je suis allée directement acheter le dentifrice prôné par cette publicité, sans savoir pourquoi.

Quand on reçoit un message en même temps qu'un traumatisme physique ou émotionnel, ce message nous marque. Nous y adhérons parce que la souffrance nous rend réceptifs, crédules. Elle neutralise notre sens critique.

Dans leurs projets sataniques (MK-Ultra, Paperclip, etc.), les services secrets américains utilisent cette technique. Ils violent, torturent, puis soumettent l'individu ainsi brisé à une séance d'hypnose. Les suggestions de l'hypnotiseur se gravent profondément dans son esprit. C'est ainsi qu'ils fabriquent des robots humains qui font ce qu'on leur dit de faire... par exemple, tuer sur commande.

Les récentes affaires de terrorisme dit « islamique » sont des mises en scène faisant intervenir les mêmes ingrédients : d'abord un traumatisme psychologique violant, infligé par les médias, et juste après, ou simultanément, un conditionnement verbal : mots-clefs (*au nom d'Allah, de sang-froid,* etc.), slogans (*je suis Charlie, nous sommes tous Charlie*).

La comparaison doit être poussée encore plus loin.

Pour robotiser leurs victimes, les services secrets américains ou les Illuminati (ça revient à peu près au même) s'emploient à briser leurs individualités natives en petits fragments.

Comment s'y prennent-ils ? Après avoir torturé de la manière la plus atroce l'enfant ou l'adulte qu'ils cherchent à transformer en pantin de leur volonté, ils lui donnent *un nouveau nom.*

Ce nouveau nom va cristalliser à la fois les souvenirs de torture et les instructions reçues juste après la torture.

Ce qui aide la victime à tout oublier : c'est la personnalité qui porte le nouveau nom qui est la gardienne des souvenirs atroces et des instructions ; sa personnalité normale, consciente, ne se souvient de rien.

Tout cela vous paraît peut-être fort étrange... et pourtant oui, ce type de conditionnement a été pratiqué et l'est toujours. Aux États-Unis, mais aussi ailleurs. Les victimes qui ont survécu et dont les souvenirs refoulés ont réémergé – parfois très tard – ont raconté leurs calvaires, et leurs souvenirs concordent suffisamment pour qu'on les croie.

Le point commun avec l'affaire qui nous intéresse, c'est la combinaison traumatisme+nouveau nom+instruction.

Traumatisme : les images du policier qui se fait abattre (enfin, si on ne regarde pas la vidéo de trop près...), le récit poignant des faits, les portraits émouvants des victimes, la peur suscitée par l'attentat, etc.

Nouveau nom : vous n'êtes plus [complétez avec votre vrai prénom], vous êtes Charlie.

Instruction : Allez marcher dans la rue. Allez manifester.

Ça marche, puisqu'on marche.

# 11. Double-pensée

Les gens les plus conformistes, ceux qui avalent sans sourciller la propagande des grands médias, sont souvent victimes de dissonance cognitive.

D'un côté, ils sont radicalement opposés à la peine de mort (*barbare ! Inhumaine ! Inutile ! Rétrograde !*), de l'autre, ils se réjouissent que les frères Kouachi et Coulibaly se fassent trucider sans jugement ni procès.

Ils trouveraient anormal et choquant qu'on condamne à mort, après avoir soigneusement pesé les faits et examiné les preuves, des pédocriminels coupables d'avoir violé, torturé et tué des enfants, mais ils applaudissent des mains et des pieds quand des terroristes se font tuer sans qu'on ne les ait jamais questionnés ni établi précisément les faits... Peut-on être *contre* la peine de mort, tout en étant *pour* les exécutions sommaires ?

Cherchez l'erreur.

Et ils ne tentent même pas de réconcilier leurs opinions contradictoires, comme si elles appartenaient à des facettes séparées, inconnues l'une à l'autre, de leur personnalité... multiple ?

Voici une citation de *1984* qui illustre le concept de double-pensée (un autre nom pour la dissonance cognitive) dont il est question ici :

« Winston laissa tomber ses bras et remplit lentement d'air

ses poumons. Son esprit s'échappa vers le labyrinthe de la double-pensée. Connaître et ne pas connaître. En pleine conscience et avec une absolue bonne foi, émettre des mensonges soigneusement agencés. Retenir simultanément deux opinions qui s'annulent alors qu'on les sait contradictoires et croire à toutes deux. Employer la logique contre la logique. Répudier la morale alors qu'on se réclame d'elle. Croire en même temps que la démocratie est impossible et que le Parti est gardien de la démocratie. Oublier tout ce qu'il est nécessaire d'oublier, puis le rappeler à sa mémoire quand on en a besoin, pour l'oublier plus rapidement encore. Surtout, appliquer le même processus au processus lui-même. Là était l'ultime subtilité. Persuader consciemment l'inconscient, puis devenir ensuite inconscient de l'acte d'hypnose que l'on vient de perpétrer. La compréhension même du mot « double pensée » impliquait l'emploi de la double pensée. »

Lorsqu'il est question d'attentat terroriste, les conformistes se souviennent que les cancrelats, ça s'écrase. Que la vermine, ça s'extermine.

Lorsqu'il est question de peine de mort, les conformistes oublient soudain toute métaphore insectoïde pour se souvenir que la vie humaine, ça se respecte.

Leurs opinions appartiennent à des sous-personnalités qui ne communiquent pas entre elles et qui prennent à tour de rôle le contrôle de leur conscience. Ils n'ont pas l'impression de se contredire parce que pour eux, c'est le contexte qui prime. Autrement dit, les émotions.

Le terrorisme les met en mode « autodéfense » : il faut tuer la bête immonde...

La peine de mort les met en mode compassionnel : erreur judiciaire ! Pull rouge ! Enfance malheureuse ! Circonstances atténuantes !

Et la logique, dans tout ça ?

Et la raison ?

Nous ne sommes pas en démocratie. Nous sommes en idiocratie.

# 12. Foncer dans le mur

Le droit au blasphème, dont il est beaucoup question ces derniers temps, n'est applicable qu'à l'Islam et au Christianisme.

Blasphémez contre le judaïsme, la Shoah et l'Holocauste, et il vous en cuira les fesses.

Un avocat proteste : « La Shoah et l'Holocauste sont des faits historiques, pas des religions ! »

Mon œil. Les faits historiques n'ont pas besoin de loi (la loi Gayssot de 1990[4]) pour survivre. Dans son premier sens, son vrai sens, un *holocauste* est un sacrifice religieux.

L'avocat continue : « Charlie-Hebdo ne se moquait pas des gens. Aucune personne, ou communauté, n'était visée. Uniquement une idée, une icône, la religion. »

Un prophète, autrement dit un messager de Dieu, ce n'est personne ?

Les mille cent cinquante Égyptiens massacrés par le dictateur Al-Sissi, ce n'étaient pas des gens ?

Monsieur l'avocat, comment faites-vous pour séparer la

---

4   L'article 9 de la loi Gayssot qualifie de délit la contestation de l'existence des crimes contre l'humanité, tels que définis dans le statut du Tribunal militaire international de Nuremberg. Les historiens peuvent encore étudier l'idéologie nazie et la politique d'extermination mais pas l'existence ni l'ampleur du génocide dont le peuple juif fut victime.

communauté des croyants (oumma ou église) de leur religion (islam ou christianisme) ? Vous vous y prenez comment pour vous moquer d'une religion sans vous moquer de ceux qui y adhérent ? Pour piétiner leur foi tout en les respectant, eux ? Pour leur cracher à la gueule tout en les aimant très fort ?

Mais je m'arrête là, car votre mauvaise foi d'avocat et votre hypocrisie laïcarde me portent sur les nerfs...

Revenons à ma maman.

Voici l'argument massue qu'elle m'a sorti pour me faire taire : « Charlie hebdo : Oui, son humour est grossier (je ne le lis pas), oui, il est blasphématoire pour des croyants chrétiens ou musulmans, tu vois que je suis d'accord avec toi. Mais pourquoi il ne faut pas le dire MAINTENANT ? Parce qu'ils ont été TUÉS justement pour ça, et le dire actuellement signifie "ils l'ont bien cherché", c'est CAUTIONNER la tuerie. »

Puisque dire la vérité, c'est-à-dire relier les points, souligner le rapport de cause à effet équivaut à dire bravo aux terroristes, je propose que tout le monde se mette à faire – surtout sans réfléchir aux conséquences puisque ce serait cautionner la tuerie – des petits gribouillis blasphématoires et islamophobes en hommage aux chers disparus, comme ça il y aura d'autres tueries et puis aussi une troisième guerre mondiale, ce serait sympa. Mais pourquoi je propose ? C'est déjà ce que tout le monde fait. Fonçons tête baissée dans le mur : l'éviter, ce serait reconnaître qu'on s'est trompé de direction, et ça, c'est hors de question...

# 13. Douze apôtres

Le point de vue d'un grand journal chinois, le *Global Times*, est digne d'être pris en considération :

« On ne peut désormais que conseiller à la société française d'arrêter de représenter l'image du Prophète [...] Il est plus difficile pour les musulmans de changer leur foi que pour l'Europe d'ajuster sa conception de la liberté d'expression. Si les Français considèrent qu'un tel ajustement serait pour eux déchoir, alors leur quête de liberté d'expression s'apparente à une religion. »

Je sais ce que vont répondre certains lecteurs. Qu'ils n'ont pas de leçon de tolérance ou de respect à recevoir de la part d'une dictature communiste.

Certes, mais ça n'enlève strictement rien à la pertinence de l'argument chinois : si l'on veut éviter les attentats terroristes sans transformer la France en vaste camp de concentration sous haute surveillance policière, il serait peut-être sage de cesser de représenter le Prophète. Il en est effet plus facile d'ajuster sa conception de la liberté d'expression que de changer sa foi – à moins que la liberté d'expression ne soit elle-même devenue une religion à part entière...

D'après un dessin humoristique, voici les nouvelles limites de la liberté d'expression : « On a le droit de rire de tout, sauf de Charlie-Hebdo. » Pas faux. Mais pourquoi ?

Charb et sa troupe seraient-ils les martyrs d'une nouvelle religion ?

En tout cas, d'après Pierre Defraigne, directeur exécutif de la Fondation Madariaga-Collège d'Europe et directeur général honoraire à la Commission européenne, cette bande présente une ressemblance frappante avec les moines de Tibhirines, eux aussi assassinés dans des circonstances extrêmement louches. (Pas extrêmement islamistes. Extrêmement louches.)

L'émotion rend Defraigne aussi lyrique qu'un cassoulet, spécialité toulousaine qui tient au corps mais qui est quelque peu indigeste :

« Dans la stupeur suscitée en Europe par ces deux tragédies, il entre le sentiment que l'on ne remplace pas des communautés d'exception comme Charlie Hebdo et Tibhirine dont le charisme et le rayonnement étaient immenses. Leur prix vient de ce qu'elles sont irremplaçables précisément. La perception de la perte se fait soudain véritablement incommensurable. Chaque groupe éclairait un versant différent de la conscience européenne : le versant de la Chrétienté et celui des Lumières, la Foi et la Raison, l'Évangile et l'héritage de la Révolution française. Leur humanisme était irrécusable. Le poids de leurs témoignages tient à leur exemplarité : ces hommes avaient en commun leur authenticité, leur courage, leur talent. Ils se situaient sur la ligne de faîte de l'humanisme européen. »[5]

C'est fou tout ce qu'une mort tragique (accompagnée d'une propagande bien orchestrée) peut accomplir... Elle peut changer *des inconscients et des imbéciles* – pour reprendre les mots de Wolinski, bien placé pour parler de la bande à Charlie, puisqu'il en faisait partie – en humanistes irremplaçables et charismatiques rayonnant immensément sur le faîte de l'Europe, rien de moins !

Avant l'attentat, le journal Charlie-Hebdo ne comptait que 7000 abonnés : comme rayonnement, il y a plus cosmique. Mais

---

5   http://www.boulevard-exterieur.com/Charlie-Tibhirine-deux-breches-dans-la-conscience-europeenne.html

quand on est, comme Defraigne, en train de créer un nouveau culte, on ne s'arrête pas à ce genre de détail, on réécrit un peu le passé... un peu ou beaucoup. Hagiographie oblige.

Et pour accentuer la ressemblance totalement imaginaire entre les athées scatophiles et christianophobes de Charlie-Hebdo et les moines de Tibhirine, Defraigne parle de la bande à Charlie comme de « douze apôtres ». (Je n'invente rien. Defraigne qualifie bien la bande à Charlie d'*apôtres*. La preuve que le ridicule ne tue pas, c'est que Defraigne est toujours vivant.)

Ces « tendres » sont, dit-il, « morts pour les idées qui nous font vivre, qui donnent un sens à notre vie : la liberté, la fraternité, la justice, l'amour. »

Pardon ?

De l'amour et de la tendresse dans *Charlie-Hebdo* ?

Des fesses, des poils, des sexes dégoûtants et dégoulinants, oui... Mais de l'amour ?

Si Defraigne parle de fraternité, de justice et d'amour, c'est qu'il faut bien qu'il donne un minimum de crédibilité à ce titre d'*apôtre* dont il décore Charb et ses potes. Titre qui leur sied aussi bien qu'un diadème à un cochon. (Charb n'était-il pas « une tête de lard »?)

Mais écoutez Defraigne, ça vaut son montant de cacahuètes tellement c'est grandiose : « Comment ne pas y voir un signe des temps ? Comme ne pas saisir le fil qui relie ces morts ? Soudain elles figent pour l'éternité ces images exemplaires d'hommes et de femmes qui vouent leur existence à une cause et y jouent leur vie. Nous voici saisis de sidération devant leur assassinat : ainsi ils parlaient vrai et vivaient en vérité ! »

Si on laisse de côté l'éloquence majestueuse, digne d'un Claudel ou d'un Péguy, qui emporte Defraigne, ce qu'il dit est très simple : l'assassinat de Charlie-Hebdo prouve in-du-bi-ta-ble-ment que les journalistes et dessinateurs de ce journal n'ont jamais menti sur rien. Leur meurtre démontre par A+B qu'ils défendaient la vérité, rien que la vérité, toute la vérité. C'était des purs, c'était des saints ! La preuve : on les a tués !

Moi, je veux bien.

Mais on n'a pas besoin de chercher bien loin pour découvrir qu'ils négociaient parfois avec les faits. Par exemple, Charlie-Hebdo a parlé du « djihad du sexe » comme d'une réalité, alors que c'est juste une rumeur sans fondement. Un mensonge, quoi. Quand il s'agissait de médire des musulmans ou des islamistes, les charlots n'étaient pas très regardants sur la qualité de leurs sources.

D'autre part, si le fait de mourir pour ses idées prouve qu'elles sont vraies, comment fait-on quand les combattants s'entre-tuent pour des idées incompatibles ? Kouachi et Colibaly aussi sont morts pour leurs idées, et ce n'était pas les mêmes que Charb. Alors peut-être que ce critère – jouer sa vie pour ses idées – n'est pas le meilleur qui soit pour les évaluer...

Mais je chipote, alors que *la liberté ne se découpe pas en rondelles*. Une proposition : et si on les canonisait tout de suite, pour ne pas perdre de temps, ces douze apôtres de la Liberté d'Expression ?

# 14. Nous, citoyens du Nouvel Ordre Mondial...

Après cette petite promenade de santé, revenons à Nathalie.

Au nom de la liberté d'expression (enfin, je suppose que c'est en son nom...), elle refuse à tous ceux qui se fichent royalement de l'affaire Charlie le droit de s'en laver les mains. Nous devons, dit-elle, traiter **ceux qui ne voient pas en quoi ce combat est le leur**.

Après la liberté de se faire un bon feu de cheminée, voilà qu'il faut dire adieu à la liberté de traire ses vaches, récolter ses pommes et nourrir ses poules sans penser à Charlie ni sangloter sur ses victimes. La France est un état de droit, mais pas celui à l'indifférence.

C'est la politique des gouvernants d'Occident depuis déjà bon nombre d'années : au nom d'une liberté toute théorique, supprimer l'une après l'autre toutes les libertés réelles. En fin de compte, si, la liberté se découpe très bien en tranches et tranche après tranche, le saucisson s'amenuise.

Les propos de Nathalie ne vous rappellent rien ?

« Soit vous êtes avec nous, soit vous êtes contre nous !... » George Bush non plus n'admettait pas qu'on ne se sente pas concerné. Soit vous étiez du côté américain, soit vous étiez un méchant terroriste. Aujourd'hui c'est pareil, mais version française : soit vous êtes un bon français, un vrai Charlie, soit vous êtes à traiter, intégrer, réintégrer et peut-être, s'il le faut, régurgiter ?

Notez aussi l'usage stratégique que fait Nathalie du « nous » et du « eux ». On diabolise un groupe mis à distance, les *eux*, pour souder un autre groupe, celui du *nous*. C'est très classique comme stratégie... ce qui ne la rend pas moins efficace.

Tout cela sent furieusement la guerre.

De son côté, Najat Vallaud-Belkacem déclare : « Même là où il n'y a pas eu d'incidents, il y a eu de trop nombreux questionnements de la part des élèves. Et nous avons tous entendu les "Oui je soutiens Charlie, mais", les "deux poids, deux mesures", les "pourquoi défendre la liberté d'expression ici et pas là ?" Ces questions nous sont insupportables, surtout lorsqu'on les entend à l'école, qui est chargée de transmettre des valeurs. »

Les questions, insupportables ?

Le refus d'une indignation à géométrie variable, contraire aux valeurs de la république ?

Le fait de se poser des questions est naturel. Cela fait partie de la saine nature humaine. Il n'y a que les crétins finis qui ne se posent jamais aucune question sur rien.

Najat Vallaud-Belkacem déplore que les élèves ne soient pas tous des abrutis, qu'ils aient assez d'esprit critique pour se questionner sur l'actualité. Dans l'univers totalitaire dont, semble-t-il, elle rêve, personne ne posera jamais aucune question ni ne s'interrogera sur l'injustice d'un système qui célèbre le « droit au blasphème », c'est-à-dire celui d'insulter Dieu, ses messagers, et des millions ou milliards de croyants, tout en sanctionnant avec la plus grande sévérité toute critique dirigée contre les sionistes ou les juifs.

Le *crime de pensée* n'est pas très loin ; on voit déjà pointer le bout de son nez.

Et le premier crime de pensée, celui qui mène à tous les autres, c'est celui de se servir de son bon sens et de sa logique. Pour être un bon citoyen du Nouvel Ordre Mondial, il faudra avant tout débrancher son cerveau. On pourra encore aimer beaucoup de choses (le chocolat, l'humour « rabelaisien et fracassant »[6] de Charlie-Hebdo), mais pas la vérité, qu'il sera défendu de chercher. Et la liberté d'expression se réduira à celle de bêler des slogans tous en cœur, dans des manifestations-monstres soigneusement planifiées par Big Brother.

---

6   Entendez « humour caca-sperme ». La formule « rabelaisien et fracassant » est de Defraigne.

# 15. Les choix, ça se respecte

L'incapacité à se mettre à la place des autres est une forme de stupidité réservée aux dominants.

Une grande bourgeoise peut ignorer superbement les idées et les états d'âme de sa bonne, tandis que l'inverse n'est pas vrai. Les faibles ne peuvent se payer le luxe d'ignorer les opinions et points de vue de ceux qui les dominent. Simple question de survie.

Quand un professeur est surpris que ses élèves musulmans ne soient pas Charlie, quand ça lui fait mal, quand ça le déconcerte et le choque, il révèle à la fois sa bêtise et son statut social privilégié, l'une étant la conséquence de l'autre. Enfoncé jusqu'aux oreilles dans son statut de laïc éclairé, tout ce qu'il voit, c'est que ces (sales) mômes refusent l'union nationale, refusent la liberté d'expression, refusent de compatir, bref, sont *méchants*. Ou alors, il comprend que c'est la faute des parents, ce qui ne vaut pas mieux.

S'ils se mettaient dans les Nike de ses élèves, ils comprendraient qu'ils ne peuvent pas dire : « Je suis celui qui m'insulte, moi et ma religion ; je suis celui qui me méprise et méprise tout ce à quoi je crois ; je suis celui qui cherche à m'humilier et à salir ma foi ; je suis celui qui calomnie et caricature le meilleur être humain sur cette planète... » (Les musulmans pensent que le prophète est le meilleur être humain que la terre ait jamais porté.) Il comprendrait qu'un musulman qui dit sincèrement « Je suis Charlie » serait bien prêt de renier sa foi, et que l'envie de faire plaisir à son professeur n'aille pas tout à fait jusque là.

Si, pour vous, il est tout simple de dire « Je suis Charlie », c'est parce que votre raison est submergée par l'émotion, ou parce que vous partagez les idées de ce canard boiteux, de cette feuille de chou plus ou moins pourrie, ou parce que vous ne l'avez encore jamais lu et que vous l'imaginez tel qu'il n'est pas. Mais si vous vous mettez, par l'imagination, dans la djellaba d'un musulman pendant ne serait-ce que cinq petites minutes (oui, je sais, c'est dur : le musulman c'est l'autre), vous comprendrez qu'il est à la fois naturel et logique qu'il ne soit pas Charlie, et que lui demander de l'être, c'est, en toute simplicité, lui demander d'apostasier.

Son refus de dire « Je suis Charlie » n'est pas une déclaration de guerre. Ni un refus de la liberté d'expression. Juste la conséquence inévitable de son choix. Et les choix, ça se respecte.

Pourquoi les chrétiens et les juifs ont-ils vécu paisiblement pendant des siècles dans les pays musulmans ?

Parce que l'Islam, qui de nos jours traîne une telle réputation d'intolérance, est très clair sur ce point-là : chacun a le droit de croire ce qu'il veut. Nulle contrainte en religion[7]. Aux juifs leurs synagogues, aux chrétiens leur église et leur foi, ainsi que leurs alcools et leurs rillettes 100 % pur porc. Les historiens le savent, vous pouvez le leur demander : à l'âge d'or de l'Islam, les juifs et les chrétiens étaient très heureux de vivre sous la loi islamique. Les musulmans leur permettaient de vivre en paix et en sécurité, ce qui n'était pas le cas sous d'autres régimes politiques.

La lettre écrite par un patriarche à l'évêque de la Perse évoque la tolérance et le respect dont les arabo-musulmans faisaient preuve à une période de l'Histoire où ceux-ci régnaient en maîtres incontestés :

---

7   Le Coran, sourate 2, verset 256.

« Les Arabes à qui Dieu a accordé à cette époque le règne du monde ne persécutent pas la religion chrétienne. En effet, ils honorent notre foi, respectent nos prêtres et nos saints et subventionnent les églises et les monastères. »

Les communautés chrétiennes du Croissant fertile et de l'Égypte accueillirent les conquérants arabes avec un immense soulagement. Au douzième siècle, Michel le Syrien parle d'eux comme de libérateurs :

« Le Dieu des vengeances, voyant la méchanceté des Grecs qui, partout où ils dominaient, pillaient cruellement nos églises et nos monastères et nous condamnaient sans pitié, amena de la région du sud les fils d'Ismaël pour nous délivrer... »

Ces Grecs auxquels il fait allusion, ce sont les chrétiens de Byzance. En d'autres termes, les chrétiens orthodoxes persécutaient les chrétiens hétérodoxes, qui furent libérés du joug tyrannique de leurs coreligionnaires par les musulmans.

Les juifs aussi ont bénéficié de la paix et de la sécurité offertes par les musulmans. Le poète juif Yehuda Al-Harizi en parle dans l'un de ses livres :

« Dieu a décidé que le sanctuaire [Jérusalem] ne resterait plus dans les mains des enfants d'Esaü... donc à l'année 4950 de la Création [1190 apr. J.-C.], Dieu a élevé l'esprit du prince des Ismaélites [Saladin], un homme prudent et brave, qui est venu avec son armée assiéger Jérusalem, l'a conquis et annoncé dans tout le pays qu'il recevrait et accepterait tous les Enfants d'Ephraïm. Alors nous sommes venus de tous les coins du monde pour nous fixer ici. Maintenant nous vivons en paix. »

Le monde serait nettement plus supportable, si tout le monde se montrait aussi respectueux des convictions des autres que l'étaient les musulmans de l'âge d'or. Mais, quand nous avons le pouvoir, nous nous laissons trop souvent emporter, non par le désir de convertir les autres à nos valeurs (ce désir-là est trop naturel pour être évitable), mais par celui de les y convertir *de force*.

Si l'on en croit les médias dominants, les soldats de l'état islamique cherchent à imposer par la violence l'islam aux populations qu'ils dominent. C'est vrai ou c'est faux, car à propos de l'état islamique il est extrêmement difficile de savoir à quoi s'en tenir, il y a tellement de désinformation, mais si c'est vrai, ils ne sont pas les premiers à vouloir démontrer par la menace, argumenter par les coup, convaincre par la force.

À l'époque des croisades, du côté de Rouen, les gens qui devaient partir combattre les infidèles dans un lointain pays d'Orient se dirent qu'il serait logique de commencer par les infidèles qu'ils avaient sous la main. Ils donnèrent aux juifs du coin le choix entre le christianisme et la mort. Selon un historien du Moyen-Âge, « Et cel qui ne voudrent croire furent occis et commandez as déables. »

Traduction : ceux qui ne voulurent pas croire furent tués et envoyés aux diables.

Quand les catholiques reprirent l'Espagne aux musulmans, ils voulurent éradiquer la mécréance de leurs terres reconquises. D'abord, ils offrirent des richesses et des terres aux musulmans en échange de leur conversion au catholicisme. Quand cette mesure se révéla inefficace, les catholiques passèrent à la manière forte : ils brûlèrent tous les manuscrits en arabe, envoyèrent en prison les musulmans qui refusaient de se convertir, les soumirent à la torture, confisquèrent leurs terres, etc. Si les moyens étaient détestables, l'intention était louable : il s'agissait de sauver ces infidèles de l'enfer. Puisqu'on ne réussissait pas à les attirer vers le salut, il fallait bien les y traîner de force. Poussés à bout, les musulmans se rebiffèrent, menaçant de renverser le pouvoir. Les autorités les mirent alors devant un choix : se convertir ou mourir.

On pourrait multiplier les exemples...

Moins extrémiste mais se situant dans la même logique, l'athée occidental du XXIe siècle est parfois tenté de rallier tout le monde à la cause chérie de sa laïcité à coups de pied au cul. Là encore, il agit dans une bonne intention : celle de libérer des femmes opprimées, écrasées par une religion patriarcale, tout en leur ouvrant les yeux au bonheur d'être court vêtue. D'où les différentes lois contre le voile. En France, les femmes qui cachent leurs cheveux sous un voile n'ont plus le droit d'aller à l'école, plus le droit d'enseigner à l'école, plus le droit de...

Mais, m'interrompt un lecteur, que ne l'enlève-t-elle, son voile ? Elle n'aurait plus aucun problème.

À ses yeux, le voile est une obligation religieuse. Si elle le garde, elle plaît à Dieu et se rapproche du Paradis ; si elle l'enlève, elle rôtira en enfer. Ça vous paraît peut-être débile, archaïque, risible, mais c'est ce qu'elle croit. À défaut de comprendre ses croyances, pouvez-vous comprendre qu'elle veuille vivre en accord avec elles ? Vous-même, est-ce que ce n'est pas ce que vous faites ou désirez faire : vivre en accord avec vos convictions, en harmonie avec vos croyances ?

Demander à un végétarien de manger de la viande, à un objecteur de conscience de faire la guerre ou à une femme voilée de se dévoiler, c'est attenter à une liberté dont nous aurions horreur d'être privés nous-mêmes. L'homme et la femme ont été créés libres. Libres de croire ce qu'ils veulent. Libres de choisir le chemin qui leur plaît. Libre d'adopter la religion (ou l'absence de religion) qui lui convient. Pourquoi cette liberté, qui nous paraît si précieuse et si fondamentale quand c'est la nôtre, nous paraît-elle si facultative et anecdotique quand c'est celle des autres ?

Et notez que, tout comme les mesures répressives contre les musulmans en Espagne, les mesures contre les femmes voilées en France suivent un crescendo étalé dans le temps : ça commence doucement, et puis le mouvement prend de l'ampleur et s'accélère, comme une boule de neige qui se termine en avalanche.

D'abord, il s'agissait seulement de montrer ses cheveux ; maintenant, il s'agit aussi de montrer oreilles et mollets : une écolière musulmane n'a plus le droit de porter une jupe longue, ni de cacher ses oreilles sous un bandeau. D'abord, il s'agissait seulement de l'école ; depuis, l'interdiction s'est étendue à de plus en plus de domaines, et donc à de plus en plus de femmes. À quand le décolleté obligatoire ? À quand l'exhibition des nichons, preuve d'un attachement indéfectible aux « valeurs de la république » ?

# 16. Libre d'exprimer *quoi*, au juste ?

La formule *liberté d'expression* a pris, à force d'être répétée comme un mantra, des dimensions extraordinaires.

Cette formule agit comme un signal qui déclenche des pensées-réflexes, pavloviennes, chez ceux qui sont restés trop longtemps exposés aux rayonnements médiatiques. (Ces dangereux rayonnements grillent le cerveau ; la seule manière de s'en protéger est d'éteindre sa télévision, de limiter sa consommation de journaux mainstream, et de se renseigner ailleurs.) Pour échapper à ce conditionnement abrutissant, réfléchissons.

Une première chose à noter c'est que cette formule, *liberté d'expression*, est remarquablement floue, puisqu'elle ne précise pas ce qu'on est libre d'exprimer : liberté d'expression *de quoi* ?

Il est sous-entendu que si on ne donne pas de détails, c'est parce que n'importe quelle opinion, n'importe quelle idée a le droit d'être exprimée : en France, on peut tout dire, c'est ça qui est bô... Cocorico !

Sauf que c'est faux.

En France, comme d'ailleurs dans n'importe quel autre pays, certaines opinions ont pignon sur rue et vue sur la plage, tandis que d'autres survivent, telles des taupes, dans des taudis insalubres. Si elles mettaient le museau dehors, elles se feraient immédiatement laminer.

Supposons par exemple que vous vouliez défendre le droit au suicide. Écrivez un livre sur le sujet, et vous trouverez facilement un éditeur. Il se peut aussi qu'on parle (un peu en mal, beaucoup en bien) de votre livre dans les journaux et que vous soyez interviewé à la télévision.

Ou supposons que vous vouliez évoquer « le péril

islamique ». Là encore, si vous écrivez correctement vous trouverez sans peine un éditeur. Votre livre *fera polémique*, pour reprendre la formule consacrée, et on vous donnera et redonnera inlassablement la parole dans les médias.

Ou supposons que vous soyez un artiste et que vous exprimiez votre vision du monde par le biais de plugs anaux[8] de diverses tailles et couleurs. Vous trouverez de l'aide et des subventions pour faire partager votre art au plus large public. Peut-être même que vous aurez la possibilité d'exposer un plug anal vert et démesuré sur une place publique, en guise de sapin de Noël.[9]

En d'autres termes, si vous nagez dans le sens du courant, bêlez avec les moutons et surtout hurlez avec les loups, vous êtes libre, absolument libre, de vous exprimer. Vous pouvez même appeler au meurtre de l'un de vos concitoyens, si cet appel au meurtre s'intègre harmonieusement à la pensée dominante, vous ne rencontrerez aucun problème d'aucune sorte et on vous tendra très volontiers le micro. Si vous l'avez déjà, vous le garderez[10].

Étant donné que vous habitez le versant ensoleillé, celui où « tout dire » est permis, vous croyez en toute bonne foi qu'en France, la liberté d'expression est un droit sacré, car ce droit-là, vous en jouissez pleinement, vous vous en gorgez jusqu'à plus soif.

Mais si vous choisissez la difficulté, si vous souhaitez dire ce

---

8 Un plug anal est une espèce de suppositoire géant utilisé pour des motifs non-thérapeutiques.

9 En octobre 2014, l'artiste américain Paul McCarthy a exposé place Vendôme à Paris une œuvre ambiguë, de 24,4 mètres de hauteur, tenant à la fois du plug anal (par la forme) et de l'arbre (par la couleur et le titre, *Tree*).

10 Jean-Claude Elfassi appelle au meurtre de Dieudonné et de Soral : « Les pouvoirs public ne faisant rien pour les mettre hors d'état de nuire, souhaitons qu'un « déséquilibré, un poète, ou un troubadour » butent ces bêtes sauvages que sont Dieudonné et Soral comme a été buté leur modèle « Coulibaly ». » Jean-Paul Tesson, au meurtre de Dieudonné seulement : « Il n'y a pas de pitié pour ça. Ce type, sa mort par xécution par un peloton de soldats me réjouirait profondément. Je peux aller jusque-là. Pour moi, c'est une bête immonde, donc on le supprime et c'est tout. […] Je signe et je persiste. »

que personne ne dit, ouvrir des placards qui ne sont pas fermés pour rien, sortir des squelettes top-secret des oubliettes où on les a ensevelis, alors là mon boule de cristal vous prédit quelques soucis.

Supposons par exemple que, comme moi dans un autre livre[11], vous souhaitiez aborder le sujet des meurtres freudiens. Vous savez : tous ces assassinats commis par Sigmund Freud, le fondateur de la psychanalyse. Ah non, pardon, vous ne savez pas... bref. Donc supposons que vous vouliez parler de ça. Est-ce que vous allez trouver un éditeur pour exposer ces meurtres au grand jour ? Non. Bien sûr que non.

Ou supposons que vous vouliez parler du lien occulte qui unit l'homosexualité et la pédophilie. Est-ce que vous allez trouver un éditeur pour dévoiler leur connexion malsaine ? Non. Et puis quoi encore ?

Ou supposons que vous vouliez parler de la beauté de l'Islam. Vous croyez vraiment que vous allez trouver un éditeur ? Un éditeur musulman, oui, peut-être, et encore ! Vous pourrez parler de l'Islam, mais toutes sortes de sujets connexes, que vous devriez évoquer pour rendre justice à votre sujet, vous seront interdits.

Ou supposons que vous soyez un physicien, et que vous souhaitiez exposer les incohérences de la théorie de la relativité. Est-ce que vous allez trouver un éditeur pour démolir Einstein ? Ne rêvez pas, voyons !

Vous allez peut-être me dire que si les éditeurs refusent de publier de tels livres, c'est parce qu'ils sont complètement farfelus, qu'ils racontent n'importe quoi n'importe comment. Mais non. Vous avez des arguments, des preuves, des documents, des statistiques et des données, et vous connaissez très bien votre sujet. Beaucoup plus que tant de soi-disant spécialistes qui s'expriment à longueur de colonnes dans les journaux. Le problème est beaucoup plus simple : vous avez dépassé les limites de la liberté d'expression, vous vivez sur la face sombre et inhabitable de la lune. Personne ne vous tendra jamais le micro.

---

11 *Marre de la vie ? Tuez la dépression avant qu'elle ne vous tue !*

Mais (me direz-vous peut-être) de nos jours, avec Internet, on n'a plus vraiment besoin d'un éditeur pour avoir droit à la parole...

Vous avez tout à fait raison. Avec une bonne connexion, un blog et un compte YouTube, vous pouvez vous adresser au monde entier. Alors, supposons que c'est ce que vous faites. Vous exprimez vos opinions hérétiques et dérangeantes sur Internet. Est-ce que tout va bien pour vous ?

Ce serait trop simple.

Prenons l'exemple de Vincent Reynouard.

C'est un homme pacifique qui, malgré ses opinions national-socialistes, ne ferait pas de mal à une mouche. Oui, il est nazi, ce qui est pour le moins inhabituel en France au XXIe siècle, mais il l'est de la manière la plus douce et tranquille qu'on puisse imaginer. Il faut un énorme effort d'imagination pour imaginer un national-socialiste tout gentil et tout calme, mais c'est bien ce qu'est Vincent Reynouard. Vous pouvez aussi choisir de croire qu'il cache très bien son jeu.

En tout état de cause, le fait est incontournable et certain : Si Vincent Reynouard a de multiples ennuis, ce n'est pas parce qu'il est méchant et appelle à la haine – il n'appelle pas à la haine –, mais parce qu'il réexamine avec un œil critique plusieurs pages de la Seconde Guerre mondiale, dont les célèbres chambres à gaz et le massacre d'Oradour. Et au lieu de garder prudemment ses analyses pour son chat ou le miroir de sa salle de bain, il en fait part autour de lui le plus largement possible, par tous les moyens à sa disposition.

En conséquence de quoi, Vincent Reynouard fait de la prison et un peu d'hôpital psychiatrique, autrement dit il fait de la prison et de la prison. En 1992, il a été condamné à un mois d'emprisonnement avec sursis et à 5 000 francs d'amende. En 2004, à vingt-quatre mois de prison, dont six fermes. En 2007, à un an de prison et 10 000 euros d'amende. Il a fait encore neuf mois de détention en 2010-2011 et reste sous contrôle judiciaire. Un procureur a récemment ordonné une expertise psychiatrique, la seconde qu'il doit subir. Si de telles condamnations sont possibles, c'est parce qu'en France il existe des lois contre la liberté d'expression, dont la célèbre loi Gayssot.

Et les ennuis ne s'arrêtent pas toujours là, comme Robert Faurisson est bien placé pour le savoir. À cause de son approche révisionniste, approche qu'il a méthodiquement et logiquement expliquée  dans ses livres, Faurisson a eu non seulement de multiples ennuis avec la Justice, tout comme Reynouard, mais il s'est aussi fait sauvagement agresser : un furieux lui a fracturé la mâchoire. Ce papy fragile et maigrelet n'a pas été protégé par sa vieillesse. Voilà ce qu'il en coûte quand on s'exprime du mauvais côté de la liberté d'expression.

En France, vous êtes libre de vous exprimer à condition d'exprimer ce que le pouvoir veut entendre. Si vous souhaitez exprimer ce que le pouvoir ne veut pas entendre, ce qu'il ne veut surtout pas que le *public* entende, alors vous êtes libre de vous taire.

# 17. Voltaire contre la liberté d'expression

Je sais très bien ce que pensent certains lecteurs... ce que vous pensez peut-être vous-mêmes :

« Peu me chaut que de sales révisionnistes plus ou moins nazis soient punis pour avoir exprimé leurs idées... Au contraire, j'en suis ravi(e) ! Bien fait pour eux. Il faut faire taire la bête immonde. »

Je comprends très bien votre point de vue.

En effet, moi aussi je pense que certaines idées – les miennes – valent mieux que d'autres – celles qui s'opposent aux miennes. Moi aussi je me réjouis quand on censure ce que je déteste, ou plutôt je me réjouirais, car ça n'arrive presque jamais (snif)... Je rêve d'un monde où la pornographie, les films violents, les apologies du suicide, de la pédophilie, etc., seraient strictement prohibés.

Mais puisque vous vous réjouissez que Reynouard et Faurisson n'aient pas la parole, ou le moins possible, de la même manière que je me réjouirais si certains la bouclaient un peu, *vous n'êtes pas pour la liberté d'expression.*

Ça fait bizarre, hein ?

Vous avez peut-être cru toute votre vie que vous étiez pour la liberté d'expression, mais vous voyez bien que ce n'est pas le cas. Vous êtes juste (comme moi, comme tout le monde, y compris les terroristes) pour la liberté d'expression de vos idées à vous.

Voltaire aussi était uniquement pour la liberté d'expression de ses idées à lui.

On lui attribue cette phrase « je ne suis pas d'accord avec ce que vous dites, mais je me battrai jusqu'à la mort pour que vous puissiez le dire », alors qu'il ne l'a jamais dite, ni écrite. À l'origine de cette formule se trouve Evelyn Beatrice Hall. En 1906, cette Anglaise a consacré un livre à Voltaire où elle lui prête cette citation, qui en réalité est d'elle. (Elle a avoué par la suite la supercherie.)

Et quand bien même Voltaire aurait dit « je ne suis pas d'accord avec ce que vous dites, mais je me battrai jusqu'à la mort pour que vous puissiez le dire », il ne l'aurait pas pensé.

Voltaire, qui haïssait le christianisme, n'aurait pas levé le petit doigt pour qu'un chrétien puisse parler librement de sa religion, autrement dit fasse du prosélytisme. Et de la même manière, un croyant ne fera jamais aucun effort pour qu'un athée puisse propager son nihilisme destructeur.

Personne n'est prêt à se battre jusqu'à la mort pour que s'expriment des idées qu'il juge stupides et nocives.

# 18. Le droit à la vérité

Je vous propose donc de vous débarrasser de toute hypocrisie comme de toute naïveté et de reconnaître avec moi que vous n'êtes PAS pour la liberté d'expression, même si vous avez cru que vous manifestiez pour elle.

Ce qui, pour autant, ne rend pas légitime n'importe quel type de censure.

Il est temps de comparer les caricatures de Charlie-Hebdo avec les propos de Reynouard, car cette comparaison va nous permettre de mettre en lumière un point absolument essentiel qui passe trop souvent inaperçu lorsqu'il est question de liberté d'expression.

Toute personne de bonne foi cherche la vérité. La vérité sur les extraterrestres, la vérité sur le nouvel ordre mondial, la vérité sur le cosmos, la vérité sur la vie et la mort, la vérité sur le développement personnel, la vérité sur l'actualité, la vérité sur la meilleure méthode pour faire du fromage de chèvre, etc.

Permettez-moi maintenant de vous poser une question d'ordre métaphysique : avons-nous droit à la vérité ?

Moi je pense que oui.

Vous aussi ?

Parfait. Nous sommes donc sur la même longueur d'onde.

Or pour trouver cette vérité (quelle qu'elle soit) à laquelle nous avons droit, de quoi avons-nous besoin ?

D'informations fiables combinées à des raisonnements rigoureux. En d'autres termes, nous avons besoin de faits et de logique. Si nous n'avons à notre disposition que des sophismes et des informations erronées, nous ne trouverons jamais la vérité.

Venons-en à Charlie-Hebdo. Si l'une de leurs caricatures du prophète avait été censurée, qu'aurions-nous perdu en terme d'information et de raisonnement ?

En terme de raisonnement, rien.

En terme d'informations, nous aurions pu ne pas prendre conscience que la bande à Charlie est violemment islamophobe. Aurait-ce été une grande perte ?

Les injures, les insultes et les moqueries grossières sont presque aussi pauvres en informations qu'elles sont indigentes en raisonnement. Prenons par exemple cette déclaration d'Alain Soral : « une pute ukrainienne... mais c'est un pléonasme... toutes les Ukrainiennes sont des putes. » Que nous apprend-elle sur la condition féminine en Ukraine ? Rien. La seule chose que cette déclaration nous révèle, c'est qu'Alain Soral méprise les Ukrainiennes, comme il méprise bien d'autres catégories d'êtres humains. Ou prenons la caricature de Charb qui représente Christiane Taubira, ministre de la justice, en singe poilu. Que nous apprend-elle sur la ministre ? Rien. Sur la justice ? Rien. Sur la vie secrète des grands singes ? Rien. Tout ce que cette caricature nous apprend, c'est qu'on peut être un raciste de gauche.

Si toutes les déclarations et dessins de ce type étaient sévèrement censurés et/ou sanctionnés, qu'est-ce qu'on perdrait ?

Pas grand-chose.

Et qu'est-ce qu'on gagnerait ?

Un climat plus serein, un peu de paix.

En ce qui concerne le droit à la vérité, la liberté d'insulter et de se moquer (où il faut ranger le *droit au blasphème*) ne présente que très peu d'intérêt.

Et maintenant, supposons que pour une raison bien précise ou par curiosité pure, nous voulions à tout prix savoir ce qui s'est réellement passé dans le petit village d'Oradour-sur-Glane le 10 juin 1944.

nous pouvez, bien sûr, nous rendre sur Wikipedia. Mais si nous voulons vraiment la vérité, nous ne pouvons pas nous contenter de la version officielle. Nous avons besoin d'examiner la question sous toutes ses facettes, d'étudier et comparer toutes les versions. Il nous faut donc lire et écouter Reynouard, dont les analyses logiques et l'enquête sérieuse et précise apportent des éléments essentiels au dossier.

Quand l'état censure des gens qui, comme Reynouard, font un travail rigoureux de chercheur, l'état porte atteinte à *notre droit à la vérité* et ça, c'est un scandale.

Peu importe qu'on censure ou condamne tel film ultra-violent, telle œuvre pornographique, telle insulte raciste. Peu importe qu'on censure des caricatures indécentes. Ou plutôt... tant mieux. (Enfin, c'est mon point de vue.)

Mais on n'a pas le droit de punir et de censurer ceux qui enquêtent dans les coins sombres, déterrent des secrets, rassemblent les faits, analysent, raisonnent, et partagent leur démarche, leurs découvertes et leurs conclusions. Et que ces chercheurs soient assez suicidaires pour se réclamer du national-socialisme ne change rien à l'affaire. L'étiquette sur le sac ne doit pas dissuader de vérifier ce qu'il y a dans le sac.

Pour trouver la vérité, quelle qu'elle soit, il faut examiner le pour et le contre, le recto et le verso de la médaille. Pour trouver la vérité, il faut dépasser les apparences et les titres pour se confronter aux raisonnements et aux faits.

Dans un monde totalitaire (celui qui nous pend au nez), il n'y a de place que pour une vérité, et cette vérité-là est un mensonge.

Personnellement, je me fiche de la *liberté d'expression*. Cette expression proprette, politiquement correcte, est un fourre-tout délibérément ambigu. Elle permet de justifier trop de saletés sordides : films pornographiques et violents, insultes racistes, « art » anal, calomnies et injures contre les messagers de Dieu, apologie de la pédophilie, etc.

Mais par contre, je ne me fiche pas du tout de *notre droit à la vérité.*

Nous avons droit aux informations, toutes les informations. Nous avons droit à tous les sons de cloche, toutes les versions, tous les travaux de tous les chercheurs, y compris les plus hérétiques, les plus sulfureux, les plus dissidents.

Quand nos dirigeants cherchent, par l'arsenal de leurs lois, à restreindre ce droit, à bâillonner les ceux qui ont le courage de chercher hors des sentiers battus, de penser à contre-courant, de déterrer des faits qui dérangent le désordre établi, c'est avant tout à *nous* que nos dirigeants nuisent.

À quoi bon vivre, si c'est pour vivre dans le mensonge ?

# 19. L'auteur du slogan

Dernières nouvelles (14/01/15) : Détritus a été identifié.

Il s'agit de Joachim Roncin, directeur artistique et journaliste musical à *Stylist*, l'hebdomadaire que dirigent Évelyne Prouvost (7e femme la plus riche de France, patronne du groupe Marie Claire à 58%) et Arnaud Lagardère (*Elle, Paris Match, Télé 7 jours, Le Journal du dimanche, Europe 1, Virgin Radio, RFM, Gulli...*)

C'est Joachim Roncin qui, le premier, a clamé « Je suis Charlie » dans un tweet.

Puis – on ne perd pas de temps, vite, vite ! – toujours le 7 janvier, Philippe Val lance le slogan sur les radios et la télévision. Il demande à tous les journaux de titrer pour le 8 janvier « Je suis Charlie ». Médiatisé, le slogan prend de l'ampleur, semant partout l'islamophobie et la zizanie... la machine est en marche.

Aujourd'hui, on nous dit qu'il s'agit d'un mouvement spontané, que le slogan a pris tout seul dans les réseaux sociaux... Mais oui, mais oui.

# 20. La France est-elle
# une dictature ?

On disait il n'y a pas si longtemps : « la dictature, c'est *tais-toi* ; la démocratie, c'est *cause toujours.* » Si on se fie à ces définitions lapidaires et pessimistes, est-ce que la France est encore une démocratie ?

Rien n'est moins sûr.

Aujourd'hui, après l'attentat de Charlie-Hebdo, on n'est plus dans le « Cause toujours » mais plutôt dans le « Sois pour la liberté d'expression et tais-toi ». Ou plus précisément : « Sois Charlie et ferme-la. »

Voici quelques faits qui le prouvent :

– L'arrestation de l'humoriste Dieudonné le 12 janvier pour un tweet sarcastique : « Après cette marche héroïque, que dis-je… Légendaire ! Instant magique égal au Big Bang qui créa l'Univers… Ou dans une moindre mesure (plus locale) comparable au couronnement de Vercingétorix, je rentre enfin chez moi. Sachez que ce soir, en ce qui me concerne, je me sens Charlie Coulibaly. » Le motif de l'arrestation ? « Apologie du terrorisme ».

– L'arrestation d'un jeune de 16 ans, qui avait eu le tort de mettre en ligne sur sa page Facebook une caricature détournant une caricature de Charlie-Hebdo, accompagnée d'un commentaire ironique.

La caricature originelle, celle de Charlie-Hebdo, montre un croyant se faisant tuer par balles, et tentant en vain de se protéger avec un Coran. (J'ai déjà fait allusion à cette caricature, qui fait référence au massacre commis par Al-Sissi.) La version détournée montre Charb, se faisant tuer par balles, et tentant en vain de se protéger avec un journal de Charlie-Hebdo. Si on y réfléchit, on verra que la version détournée est nettement plus morale que la version originale. La version originale était une moquerie totalement gratuite, sadique même, contre des victimes innocentes ; la version détournée joue sur l'effet boomerang, c'est un retour à l'envoyeur, un peu comme l'arroseur arrosé.

Le motif de l'arrestation ? « Apologie du terrorisme », encore une fois. Il semblerait que cette expression soit un euphémisme légal pour « Blasphème contre Charlie ».

– Un mineur de 17 ans ayant crié *Allahou Akbar* à des policiers a été convoqué en justice. Le fait de dire « Dieu est plus grand » est-il un délit ? Faut-il dire le contraire, « Dieu est plus petit » ou « Le diable est plus grand », pour se faire bien voir des autorités en place ?

– Un adolescent de 14 ans ayant posté sur sa page Facebook « un commentaire hostile à la mobilisation en faveur des victimes des récents actes terroristes » a été arrêté lui aussi. Vous avez bien lu : « hostile à la mobilisation ». C'est tout. On est vraiment dans « Sois Charlie ou tu auras des ennuis »...

– Jean-François Chazerans, professeur de philosophie, n'aurait pas respecté lui-même la minute de silence qu'il était censé faire respecter dans sa classe. (Se serait-il tu 50 secondes au lieu de 60 ?) Dénoncé par des parents d'élèves, il est mis à pied. Le recteur porte l'affaire en justice.

Chazerans dit qu'il s'est contenté d'organiser des débats à la demande des élèves. Son témoignage permet de comprendre quel est son crime, exactement : le but de ces débats était, dit-il, « de comprendre les causes du terrorisme en sortant autant que possible de la passion et de l'émotion du moment. » Les anciens élèves et les parents d'élève confirment : cet enseignant aide ses élèves à penser par eux-même, à mener une réflexion personnelle autonome...

Sortir de l'émotion ?

Mener une réflexion personnelle ?

Chercher à comprendre les causes ?

Pas très Charlie, tout ça !

Si les jeunes se mettent à réfléchir, à (se) poser des questions, à se servir de leur cerveau plutôt que de se laisser dominer par les émotions que les médias leur dictent, où va-t-on, je vous le demande ?

– Thierry Noirtault, sympathique barbu très *peace and love*, est sorti pour manifester avec les Charlie lors de la « journée d'unité nationale ». Comme il souhaitait témoigner son « amour pour la vie » (ce sont ses termes), il est descendu dans la rue avec un carton en quatre parties où il était écrit : « Je suis Charlie, je suis humain, je suis Kouachi, je suis la vie », avec un cœur. Thierry Noirtault se sent, dit-il, « relié à tous ses semblables sur cette planète terre ». Du coup, il a fait une garde à vue de 22 heures, suivi d'une convocation à tribunal. « Mon pays, dit-il, est dans une psychose grave ».

– Vendredi 9 janvier, un professeur de français propose à ses élèves un débat sur les attentats. N'ayant pas saisi qu'il s'agit d'un piège, un enfant de 14 ans lève la main et dit « ils ont eu raison ». Quatre mots qui vont lui coûter cher. L'élève est exclu de la classe. Après plusieurs convocations, il est arrêté et placé en garde à vue. Le gamin passe 24 heures en prison. Vendredi matin, menotté, il est présenté au juge pour une mise en examen. Son crime ? Comme d'hab', « apologie d'acte de terrorisme ».

– Un petit garçon de 8 ans, oui, 8 ans, a été entendu dans le cadre d'une audition libre au commissariat de Nice (Alpes-Maritimes) pour « apologie d'acte de terrorisme ».

Le 8 janvier dernier, Ahmed se trouvait dans sa classe de CE2 lorsque son instituteur demande aux enfants s'ils sont Charlie. Il donne alors son point de vue : « Je ne suis pas Charlie, je suis avec les terroristes. » (Ou peut-être qu'il a juste dit qu'il n'était pas Charlie, ce n'est pas très clair.)

Pour comprendre sa réponse, il suffit de prendre en compte les messages qu'il a entendus : à la maison, il a appris que Charlie n'est pas gentil et que ses parents sont contre ; à l'école, il a appris qu'il n'y a que deux camps, et que lorsqu'on n'est pas Charlie on est avec les terroristes. D'une manière parfaitement logique, il en a donc déduit qu'il est du côté des terroristes, même s'il est bien incapable de définir le mot *terrorisme* : puisqu'il n'y a que deux camps et qu'il n'est pas dans l'un, il faut bien qu'il soit dans l'autre !

Gravement traumatisé par la petite phrase du petit Ahmed, le directeur de l'école entre en mode « vigipirate » : il frappe trois fois la tête du petit garçon contre le tableau noir (très pédagogique), le prive d'insuline, car Ahmed est diabétique, et dépose une plainte au commissariat. C'est ce qu'on appelle avoir le sens des proportions.

Le garçonnet est convoqué en même temps que ses parents ; son audition dure deux heures. Le parquet de Nice doit désormais se prononcer sur les suites à donner à cette affaire.

Pauvre gosse. Son instituteur lui a demandé de s'exprimer, naïvement il l'a pris au mot, et voilà le résultat... Il aurait été plus honnête de lui donner cette consigne : « Dis-moi ce que *nous* pensons des attentats de Paris, parce que si tu dis autre chose, tu vas avoir de gros ennuis et tes parents aussi, mon petit ! »

– Un autre petit garçon, de 9 ans celui-là, est aussi accusé d' « apologie d'actes de terrorisme ». Qu'est-ce qu'il a fait exactement ?... Et bien... rien. C'est un petit garçon très sérieux et très sage. Mais d'après une dénonciation anonyme, il aurait crié « Vive le coran ! » pendant la minute de silence, à la cantine. Il n'y a pas de témoin, et le garçonnet nie. Peu importe. Délation et répression sont les mamelles de l'état policier.

Grâce à l'involution des programmes et à la méthode globale, cela fait déjà longtemps que l'école n'est plus le lieu où l'on apprend à lire et à écrire. Maintenant, cela devient le lieu où les « débats » finissent en prison. Le lieu où les enfants qui n'ont pas la bonne couleur, pas le bon prénom, deviennent la cible de la haine et de la stupidité des adultes qui sont censés prendre soin d'eux. À son école, un gamin est obligé de jouer le rôle d'un des frères Kouachi dans une reconstitution théâtrale des faits. Un autre (c'est Ahmed) s'entend dire : « Arrête de creuser [dans le bac à sable], tu ne vas pas trouver de mitraillette pour tous nous tuer ! »

L'école est devenue une garderie qui est devenue une gardeà-vue.

On pourrait multiplier les exemples, souvent grotesques, puisqu'en quelques jours il y a eu plus de cent interpellations pour « apologie du terrorisme »... Et comme par hasard, c'est surtout les plus jeunes qui sont visés... Parce qu'ils sont vulnérables ? Parce que c'est un moyen indirect mais efficace d'atteindre leurs parents ? Parce qu'on veut les dresser ?

« Cause toujours, tu m'intéresses », c'est fini. Nathalie ne jetait pas des paroles en l'air, quand elle parlait de « traiter » ceux qui ne sont pas Charlie.

# 21. Le passé est la clé du présent

Je sais bien que certains lecteurs sont furax de toutes les vérités désagréables que je leur balance ici sans beaucoup de ménagement. Prenez cette franchise un peu brutale pour ce qu'elle est... une *marque* de respect.

Je vous parle à cœur ouvert parce que j'ai confiance en votre intelligence. Si vous cherchiez juste à renforcer votre cuirasse de charlitude, vous ne seriez pas en train de lire ces lignes. D'une manière ou d'une autre, vous aviez déjà des doutes sur la légitimité de la cause Charlie. Je n'ai fait qu'approfondir et valider vos doutes. Alors permettez-moi d'être franche jusqu'au bout, même si ça part un peu dans tous les sens.

Les tyrans sont soucieux de garder leurs populations dans l'ignorance et la bêtise, le seconde étant souvent la conséquence de la première. L'abrutissement de leur peuple est la condition *sine qua non* pour que leur pouvoir injuste perdure.

Cet abrutissement passe par l'effacement du passé réel et sa réécriture : oubli et désinformation.

De la même manière qu'un amnésique est à la merci de toutes les personnes qui prétendent le connaître, son identité fragile étant entre les mains de tous ceux qui lui racontent son passé, nous (le peuple) sommes à la merci de ceux qui nous leurrent avec leurs fictions pseudo-historiques.

C'est fou toutes les illusions que les gens se font sur le passé de la France en particulier, et du monde en général.

Beaucoup croient par exemple que si jadis les mariages étaient plus durables, c'est parce que la mortalité était plus importante. Autrement dit, Josette et Gustave étaient sur le point de divorcer quand, paf, Gustave est mort, ou alors c'est Josette. Ce qui, vu de loin, donnerait l'illusion que les mariages étaient plus solides, alors que c'était seulement les conjoints qui étaient moins solides !

Heu, non, ce n'est pas ça l'explication...

L'allongement de l'espérance de vie est essentiellement dû à la réduction de la mortalité *infantile* : moins d'enfants meurent, et donc l'espérance de vie (qui n'est qu'une moyenne) est de plus en plus longue. S'il y a plus de divorces qu'auparavant, ce n'est donc nullement parce que les gens meurent avant d'avoir pu concrétiser leur volonté de se séparer...

D'autres expliquent l'augmentation des divorces par le travail des femmes : avant, les pauvrettes, elles restaient mariées parce qu'elles n'avaient pas le choix. Dépendantes de leur mari, elles devaient supporter ses rots, ses blagues éculées, et tous ses travers sans moufter. Maintenant qu'elles ont leur indépendance financière, elles peuvent partir en claquant la porte dès que ça leur chante.

On peut voir les choses ainsi, oui.

Mais si le travail des femmes a joué un rôle dans l'augmentation des divorces, c'est peut-être aussi pour une autre raison : avant, les femmes n'avaient qu'un travail à temps plein (s'occuper de leur maison, de leurs enfants, éventuellement de leur mari), maintenant elles en ont deux, un travail salarié s'ajoutant au premier. Deux emplois, c'est lourd à porter. Normal qu'elles soient tentées d'en laisser tomber un.

Ce n'est pas le seul facteur qui joue, loin de là. De nos jours, le climat général est plus favorable à l'instabilité affective (papillonnage, infidélité) qu'au bonheur conjugal, c'est un fait. Les médias, publicité comprise, y sont certainement pour quelque chose.

La méconnaissance du passé est souvent véhiculée par les films.

J'en ai vu un – j'ai oublié son titre car il était très oubliable – qui était censé se dérouler au Moyen-Âge. L'héroïne était vêtue, ou plutôt dévêtue, d'une mini-jupe en cuir... Non, au Moyen-Âge les femmes ne s'habillaient pas comme ça, même s'il est vrai que les gothiques du XXIe siècle aiment bien se mouler dans du cuir.

Il y a dix siècles, les robes descendaient jusqu'aux chevilles et les femmes cachaient leurs cheveux. La pudeur était encore une valeur.

Dans *Les visiteurs*, comédie fort drôle et sympathique au demeurant, des idées fausses passent aussi. Godefroy le hardi et surtout Jacquouille la fripouille ont des dentitions cauchemardesques, des sourires défigurés par les caries. Comme si, à l'époque médiévale, tout le monde avait des dents pourries...

Au Moyen-Âge, le sucre était encore un luxe hors de prix réservé à quelques rares privilégiés. Les gens avaient, pour la plupart, de bonnes dents même s'ils ne se les brossaient pas. En effet ce qui fait les belles dents, c'est avant tout l'alimentation, et celle-ci était biologique et complète : le peuple mangeait du pain noir.

Ce n'est qu'un détail, d'accord.

Passons à une autre idée fausse qui est, elle, beaucoup plus grave et très répandue : celle selon laquelle nos ancêtres étaient plus crétins que nous. Ce qui fait que leur sagesse et proverbes ne valent rien : ils ne nous concernent plus. Que leur littérature ne vaut pas tripette : on a fait mieux depuis. Que leurs découvertes et enquêtes scientifiques doivent être refaites : on ne peut pas leur faire confiance.

La vérité est à l'opposé de ces préjugés.

Ce n'est pas de gaieté de cœur que je le dis, mais il faut bien le dire : nos ancêtres étaient plus *futés* que nous. Leur sagesse et proverbes sont toujours aussi valables ; leur littérature est très souvent supérieure à celle de nos contemporains ; même leur science était plus rigoureuse que la nôtre. Un baccalauréat dans les années 30 équivaut à un bac + 5 ou 6 de nos jours. Je sais que ce n'est pas très flatteur pour nous, et que beaucoup de gens (la plupart des gens, peut-être) préfèrent croire que leur époque est la plus merveilleuse de toutes puisque c'est la leur, mais voilà, c'est comme ça : il n'y a pas que le niveau de la mer autour du Mont Saint Michel qui a baissé.

Peut-être est-ce dû au fluor dans les dentifrices... au glutamate dans la nourriture industrielle... aux divertissements omniprésents et abrutissants dont les médias nous mitraillent... à l'évolution des programmes scolaires (disparition de l'enseignement de la logique, entre autres)... toujours est-il que nous n'arrivons qu'à la cheville, ou tout au plus qu'au mollet, de nos prédécesseurs. Il y a quelque chose de comique, mais aussi de tragique, dans le mépris décomplexé que les générations passées inspirent à des crétins dont le seul titre de gloire est qu'ils ne sont pas encore morts !

Venons-en à l'Histoire.

Qui s'intéresse à l'Histoire, à part les historiens ?

Et pourtant nous aurions tous intérêt à nous y mettre. Pas à l'histoire officielle, celle où « Hasard », « Pas de chance » et « Drôle de coïncidence » dirigent les événements, mais l'histoire secrète. Celle que l'on cache parce que c'est la vraie.

Bien sûr, le risque c'est de tomber dans la théorie du complot.

Zone de non-droit absolument taboue pour les Charlie. Ils ne veulent surtout pas y mettre les pieds. Ils ne veulent même pas en entendre parler. Et s'ils s'apercevaient que les complotistes ont raison ? Et s'ils devenaient eux-mêmes complotistes à leur cerveau défendant, par incapacité à déceler la faille logique, la faiblesse de leurs arguments ?...

La théorie du complot passe pour une excentricité toute moderne, une paranoïa toute neuve, alors que sous une forme ou une autre, elle circule depuis des siècles. L'abbé Augustin Barruel (1741-1820) était un complotiste. Il pensait que la Révolution française avait été préparée et voulue par les « philosophes des lumières » (les athées militants) et organisée par les franc-maçons.

Et il avait raison.

Le complotisme n'est pas neuf. Depuis qu'il y a des comploteurs, il y a des complotistes pour les dénoncer. Ce qui est neuf, c'est le mot : *complotiste* est tout récent. Il est né peu après les attentats du 11 septembre 2001. *Complotiste* a été inventé par les comploteurs pour calomnier ceux qui cherchent à déjouer leurs complots.

De la même manière, on pourrait baptiser les héros

*méchantistes*. Ce qui ternirait un peu leur image en les associant à ce qu'ils combattent. Zorro était un méchantiste. Il protégeait les faibles et les opprimés contre les tyrans, ce qui est à la fois idiot et inutile puisqu'il n'y a pas de tyran : tout le monde est gentil... sauf les méchantistes, qui sont tous hystériques et paranoïaques. Les méchantistes voient le mal partout, alors qu'il n'est nulle part. Comme Don Quichotte, ils se battent contre des moulins à vent.

Prenez par exemple D'Artagnan, vous savez, le héros d'un célèbre roman d'Alexandre Dumas. C'était un méchantiste, lui aussi, puisqu'il croyait que Milady de Winter était méchante, si méchante qu'elle aurait empoisonné la douce Constance... alors que la mort prématurée de celle-ci s'explique tout simplement par Pas-de-chance : c'est lui qui a fait le coup, comme d'habitude. Prisonnier d'un délire conspirationniste et paranoïaque, D'Artagnan allait même jusqu'à croire que le cardinal de Richelieu complotait contre la reine... quel cerveau malade, ce D'Artagnan !

Bref, vous m'avez comprise : les méchantistes sont, comme les complotistes, des « personnes affabulatrices, dépourvues d'esprit critique, qui, à cause d'une mauvaise analyse des faits, refusent de voir la vérité en face et en arrivent à croire à un complot. »

Au lieu de se contenter de la vérité qui leur fait face, celle qui défile en boucle sur leur écran de télévision, les complotistes (qui croient aux complots), les conspirationnistes (qui croient aux conspirations), les manipulationnistes (qui croient aux manipulations), les méchantistes (qui n'arrivent pas à croire que tout le monde est gentil, alors que c'est tellement évident), les planistes (qui croient que certaines personnes haut placées élaborent des plans et les suivent au lieu de vivre au jour le jour sans souci du lendemain comme des petits oiseaux)... tous ces pauvres abrutis s'imaginent que la vérité est ailleurs !

Et ils la cherchent, en plus !

Faut-il être dépourvu d'esprit critique pour s'imaginer que la vérité est cachée quelque part et pour fouiner partout pour la trouver !

D'après François Hollande, « il faut protéger les utilisateurs d'internet et des réseaux sociaux de la haine et du conspirationnisme ».

Oui, très juste : il faut protéger leur petit cerveau vulnérable contre l'effrayant conspirationnisme qui se tapit dans les coins sombres du Web, conspirationnisme qui risque de leur sauter au visage comme un loup affamé au coin d'un bois. (L'hiver est rude et il a déjà mangé tous les lapins.)

Allez, faites un effort, ne serait-ce que pour lui faire plaisir, à ce brave homme[12] inculpé pour viols en réunion sur une fillette de quatre ans morte d'une maladie vénérienne contractée lors de ces viols[13] : croyez qu'on ne vous a jamais menti, jamais trahi... faites confiance... vos paupières sont lourdes, de plus en plus lourdes... tout votre corps se relaxe... vous êtes en sécurité...

Voici ce qu'en dit Paul-Éric Blanrue, écrivain censuré :

« Un seul objectif global : la destruction de l'esprit critique, la mise au pas des cerveaux, le dressage des consciences – en conséquence le contrôle absolu sur la société c'est-à-dire sur vos pensées c'est-à-dire sur vos vies. 1984 est derrière nous, 2015 c'est du sérieux, du concret bien dur sur lequel vos têtes n'ont pas fini de se cogner. La littérature avait raison, les progressistes avaient tort : la pire des fictions s'est coagulée à la réalité. La guerre c'est la paix et l'intelligence c'est le dogme. La vérité s'offre à vous dans toute sa lumière. Le spectacle auquel nous assistons n'a pas de coulisses. Les cabales n'ont jamais existé, la diplomatie se fait en plein jour et les services secrets sont une excroissance de votre esprit dérangé. Internautes, il importe de vous protéger, vous dit le président Hollande que vous avez élu car vous êtes le peuple le plus brillant de la terre : ne pensez plus, camouflez les affres de vos réflexions, cachez vos doutes qui causent tant de scandale, taisez-vous. Même le rire est devenu dangereux. Molière et Descartes sont à nouveau subversifs,

---

12 Je parle de François Hollande.
13 Emmanuel Verdin, le père de Laureen, une enfant décédée d'une MST contractée lors des viols en réunion dont elle a été victime, a déposé une plainte contre Lang, Hollande et Moscovici. Cette plainte a été jugée recevable.

expulsez-les de vos bibliothèques, brûlez-les si besoin. Restez au lit, dormez. Profitez de vos rêves tant que vous le pouvez. Ça ne durera pas. »

Revenons au thème de ce chapitre.

Pourquoi le passé est-il la clé du présent ?

Parce qu'entre le passé et le présent, aucune coupure, aucun hiatus, si ce n'est imaginaire. Le fil des jours n'a jamais été rompu. Le présent étant la suite du passé, pour comprendre les événements actuels, il faut savoir ceux qui ont eu lieu jadis et hier. Le passé est bien vivant et nous concerne tous, puisque de bon ou mauvais gré, nous le continuons. À tous les sens du terme, notre présent est une séquelle.

Alors regardez derrière vous.

Fouillez dans les archives.

Plongez-vous dans les vieux livres d'Histoire.

Interrogez-vous sur tout ce que vous n'êtes pas censé questionner : l'Holocauste, le judaïsme, l'histoire des juifs en France, le côté sombre de la Révolution Française. Lisez aussi et surtout les livres qu'on vous interdit, tous ces ouvrages que vous auriez honte de lire en plein jour dans le métro : *Le Coran, les Protocole des sages de Sion...* – vous pouvez compléter la liste vous-mêmes.

Les livres-tabou sont ceux qui aident à y voir clair par temps sombre, et qu'elle est sombre, la tempête qui s'annonce...

# 22. Sensibilité et sensiblerie

Avant de terminer cet essai, je voudrais vous reparler de ma maman.

Universitaire, retraitée, cultivée, elle se tient généralement à distance de l'actualité. Et pourtant, elle a manifesté pour Charlie.

J'ai remarqué que sa sensibilité a deux formes :

1/ L'une la pousse à compatir, s'indigner, et agir – c'est cette sensibilité-là qui l'a poussée à descendre la rue. Et c'est la même sensibilité compatissante et active qui l'a déterminée à créer (avec d'autres) l'association *Justice pour Kalinka*[14].

2/ L'autre la pousse à fermer les yeux, horrifiée. C'est cette sensibilité-là qui fait qu'elle ne se renseignera jamais sur ce qui se passe à Gaza ou en Syrie, cette sensibilité-là qui la dissuade de s'intéresser aux réseaux pédocriminels.

J'appelle cette seconde sensibilité de la sensiblerie. Au lieu d'être révoltée que toutes ces horreurs aient lieu, elle est choquée qu'on les lui montre. Au lieu d'être indignée par les faits, elle est écœurée par les images. Alors, tout de suite, elle zappe ou ferme le fichier.

Son commentaire ? « C'est horrible. »

Pas « c'est horrible, il faut faire quelque chose » mais « c'est horrible, passons à autre chose ».

Je pense que la plupart des français ont le même profil. Leur sensibilité est double : d'un côté, compassion agissante ; de l'autre, sensiblerie évitante. D'un côté, courage et engagement ; de l'autre, politique de l'autruche : si je ferme les yeux très fort, ça

---

14 Kalinka a été violée et tuée par son beau-père, le médecin Dieter Krombach, qui a toujours bénéficié d'une étrange immunité. L'association *Justice pour Kalinka* a soutenu le père de Kalinka dans sa lutte pour la justice et la vérité.

n'existe pas.

On a recours à cette politique remarquablement inefficace quand on est mentalement dépassé. Effectivement, la pédocriminalité et le satanisme de nos dirigeants sont très difficiles à avaler. De même que les atrocités commises par ceux que l'on considère encore, jusqu'à aujourd'hui, comme de sacro-saintes victimes, les martyrs de la seconde guerre mondiale.

Il faut des bases psychologiques et historiques solides pour encaisser le choc. Et, peut-être, croire ou savoir qu'il y aura une justice après la mort.

# 23. En vrac...

En France, le blasphème est un *droit* tandis que l'antisémitisme, un *crime* extrêmement grave et sévèrement réprimé. (Le racisme, par contre, passe comme une lettre à la poste.) Qu'est-ce que ça signifie ? Que les juif constituent le peuple élu, le peuple saint, le peuple divin ? Que la religion des français, leur seul espace de sacré, c'est la judéophilie ?

Ou simplement qu'en France, les juifs ont plus de droits que Dieu ?

Une bagarre banale entre deux jeunes vaut à l'un trois ans de prison ferme. Pourquoi ? Parce qu'il est musulman et que son adversaire est juif. La juge déclare qu'après la tuerie de Charlie-Hebdo, il faut faire un exemple.

Un exemple d'injustice, sans doute.

Au XVIIe siècle, la Fontaine disait : « Selon que vous serez puissant ou misérable, les jugements de cour vous feront blanc ou noir... »

Interrogés par Mohamed Kacimi, des élèves du Lycée Michelet auraient dit : « Ils l'ont bien cherché » à propos des victimes des attentats. Cette petite phrase a circulé dans tous les médias, suscitant partout l'indignation et la colère. Au bout de quelques jours, les enseignants rectifient : les élèves n'ont jamais dit ça. Les propos reportés par Mohamed Kacimi sont uniquement « un témoignage fiction ».

*Témoignage fiction* : euphémisme poli et novateur pour « mensonge ».

La *liberté d'expression* des pornographes et des pédophiles piétine *le droit à l'innocence* des enfants. La *liberté d'expression* des athées haineux viole *le droit au respect* de tous les croyants. La *liberté d'expression* des racistes, des xénophobes et des misogynes met à mal *le droit à la dignité* des femmes, des étrangers, des personnes d'origine arabe et des noirs.

Bien souvent, la liberté d'expression n'est rien de plus qu'une *liberté d'agression*. Les mots et les images peuvent être des armes acérées, des armes mortelles. C'est par les mots, en *s'exprimant librement*, que, dans les écoles, des adolescents boutonneux et malveillants en poussent d'autres, plus doux et plus sensibles, au suicide.

À l'école, un élève est *libre de s'exprimer* en insultant ses enseignants. Il peut lancer « sale pute » à sa professeur de mathématiques sans risquer plus qu'un mot sur son carnet et une réprimande mollassonne du CPE[15]. Mais sur les attentats, s'il veut éviter la case prison il est seulement *libre de la boucler* – ou de répéter comme un perroquet ce que lui disent les médias et ses professeurs.

En France, le mot *juif* est devenu tabou. Si vous n'êtes pas juif, vous n'avez pas le droit de l'utiliser. Ou plutôt si, vous avez le droit, mais à condition de l'accompagner de l'un de ses gardes du corps : *souffrance* et *génie*.

*Souffrance* et *génie* sont deux gros baraqués qui protègent le pauvre petit mot *juif* contre tous les méchants qui lui veulent du mal.

Symétriquement, le mot *antisémite* est servi de plus en plus souvent à de plus en plus de sauces. Sauces toujours répugnantes, car *antisémite* est encadré par *nauséabond* et *immonde*, qui ne le lâchent pas d'une semelle. Parce que *antisémite* sent mauvais, il n'a pas d'ami.

---

15 Conseiller Principal d'Education.

# 24. Omerta sur les crimes de la pseudo-élite

En France, la liberté d'expression s'arrête où la pédocriminalité commence.

C'est pour ça que les disparitions de mineurs ne sont pas chiffrées. On sait tout de même qu'en l'an 2000, une année comme tant d'autres, 800 enfants se sont volatilisés, sans parler des enfants en situation irrégulière : 800 environ disparaissent aussi tous les ans. Ça fait environ 1600 enfants qui disparaissent mystérieusement chaque année, soit *plus de quatre enfants par jour*. Ces enfants-là ne sont pas perdus pour tout le monde.

C'est pour ça que les rares individus qui osent dénoncer la pédocriminalité et les réseaux de l'horreur se font censurés ou discrètement assassinés. Stan Maillaud est "en fuite". Alain Gossens s'est "suicidé". Christian Jambert s'est "suicidé". Bernard Valandon est mort en 2006, après avoir été menacé. Laurent Louis, député belge, a été privé de son immunité parlementaire ; les médias font ce qu'ils peuvent pour le discréditer. Marcel Vervloesem a été traîné dans la boue, accusé mensongèrement de pédophilie, envoyé en prison dans des conditions sanitaires déplorables malgré un cancer et des métastases et interdit de soins.

Et c'est pour ça que vous n'avez jamais entendu parler, ou que vous avez entendu parler en mal, de tous ces héros.

Pardon, je veux dire de tous ces méchantistes à tendance complotiste.

C'est aussi pour ça que les rares documentaires qui ont été réalisés sur la pédocriminalité sont si difficiles à trouver. *Le fichier de la honte*, de Karl Zéro. *Viols d'enfants : la fin du silence ?* de Élise Lucet. *Les réseaux de l'horreur* de Janet Seemann. *Snuff movies et messes noires en France*, un reportage allemand très instructif.

Qui sont les victimes ?

Des sans-logis, des étrangers en situation irrégulière, des prostituées souvent mineures, des enfants et des bébés qui sont kidnappés ou achetés à leurs parents, puis humiliés, violés, torturés et tués au cours de cérémonies orgiaques teintées (le genre de teinture qui résiste très bien au lavage) de satanisme. Tout est filmé, et les vidéos sont vendues à un prix exorbitant à de riches pervers qui en sont friands.

Qui sont les coupables ?

Des puissants, des notables, des membres de la classe sociale la plus favorisée. Ceux qui violent, torturent et tuent des enfants innocents sont des magistrats, des policiers, des médecins, des hommes politiques, des banquiers, des directeurs de médias. Imbus d'une pseudo-philosophie nietzschéenne, ils n'ont aucune limite et croient que leur perversité extraordinaire et leur sadisme hors du commun font d'eux des espèces de surhommes, alors qu'elles ne font d'eux que des espèces de sous-chiens, et j'ai grand tort d'insulter les chiens.

Le silence pèse comme une pierre tombale sur leurs crimes atroces, qui sont au mieux attribués à leurs hommes de main : les médias présentent Dutroux, Alègre, etc., comme des tueurs en série agissant seuls, des détraqués isolés.

Et tandis que les journalistes nous attendrissent sur le sort d'un homme de 47 ans en l'assimilant à un pauvre petit garçon, ils opposent un silence de marbre aux vrais martyrs de vrais bébés...

Et tandis que les journalistes poussent des cris d'orfraie, des cris horrifiés, devant les sketchs d'un humoriste qu'ils qualifient de « bête immonde » en raison de son humour un peu trop piquant, un peu trop caustique, les actes vraiment immondes d'êtres vraiment immondes ne troublent pas leur sérénité...

Parce qu'ils ne sont pas au courant ?

Non.

Parce qu'ils sont complices.

La comparaison des traitements que les journalistes réservent à l'un et aux autres est d'autant plus pertinenete que ce même humoriste qu'ils maudissent avec tant de grandiloquence a évoqué (dans son spectacle *Le mur*, qui n'a pas été censuré pour rien) la pédocriminalité de ces puissants pervers.

Oui, Dieudonné a cherché à dénoncer les atrocités commises par les pseudo-élites, ce qui lui a valu bien des ennuis, et c'est peu de le dire. Il n'a pas seulement exaspéré tous les sionistes (ainsi que beaucoup de juifs), il a aussi fortement déplu aux sadiques riches et puissants qui trônent au sommet de la pyramide sociale, sadiques qui entendent bien continuer leurs orgies sanglantes et mortelles sans que des rabat-joie ne viennent gâcher la fête et leur plaisir.

Sionistes et sadiques : ces deux catégories sont-elles radicalement distinctes, ou y a-t-il une intersection ?

Il y en a une.

Certains individus appartiennent aux deux catégories en même temps : ils sont à la fois sionistes et sadiques. En plein tribunal, en plein procès, Alain Jakubowicz, le président de la Licra[16], a publiquement lancé cette terrible menace à Dieudonné : « On sait où tu habites, on va s'occuper de tes enfants, on va bien s'amuser… »

Je répète : en France, et malheureusement aussi ailleurs, la liberté d'expression s'arrête où les crimes abjects des riches et des puissants commencent.

---

16 Ligue internationale contre le racisme et l'antisémitisme.

# 25. Les métaphores et les faits

En France, les métaphores passent pour faits et les faits passent sous silence.

On en a déjà eu deux exemples.

« Je suis Charlie », une pure métaphore, passe pour une vérité presque factuelle qu'il est interdit de contredire sous peine de le payer cher, tandis que « je ne suis pas Charlie », une pure lapalissade, un fait indiscutable, devient tabou. C'est presque un secret...

L'assassinat d'un enfant métaphorique de 47 printemps est traité avec autant d'émotion et de pathos que si c'était l'assassinat d'un véritable gamin, tandis que les tortures et les meurtres d'enfants réels restent cachés sous le tapis. Circulez, y a rien à voir.

Mais on pourrait donner d'autres exemples.

Le mariage pour tous, par exemple. Dorénavant, un enfant peut avoir officiellement deux pères et pas de mère, ou deux mères et pas de père.

Or, biologiquement, c'est impossible. Je vais enfoncer une porte ouverte, mais permettez-moi de le dire quand même : un homme ne peut pas féconder un homme ; une femme ne peut pas être fécondée par une femme. C'est peut-être affreusement dommage, choquant et injuste, mais c'est comme ça.

Dans les deux « pères » il y en a donc au moins un qui n'est pas le vrai père, et dans les deux « mères » il y en a donc au moins une qui n'est pas la vraie mère. Cette mère métaphorique et ce père métaphorique sont considérés par la loi comme des mère et père réels : la métaphore passe pour fait.

Quand à la vraie mère ou au vrai père, ils n'ont aucune existence légale : la réalité est passée sous silence...

Ce qui nous ramène, mine de rien, à ma cousine.

Vous savez : celle qui pleure ses « frères de crayon » et renie sa vraie famille. Pour elle aussi, la métaphore passe pour fait tandis que les faits passent à la trappe. Ceux pour qui elle larmoie sont ses frères *métaphoriques*. Une métaphore qui la séduit tant, qu'en son nom elle balance le réel par dessus bord. Pas besoin de cousine, pas besoin d'oncle et de tante, elle a déjà toute la famille qu'il lui faut avec la bande à Charlie.

Quand on accorde aux métaphores la priorité et la préférence sur les faits, comme le font ma cousine, les médias français et la loi française, on lâche la proie pour l'ombre, on bâtit sa maison tout au bord d'une vertigineuse falaise de craie que le vent et la pluie érodent.

Pour ma part, j'aime beaucoup les métaphores. J'en use d'ailleurs sans retenue, comme vous avez pu le constater. Mais je n'oublie jamais qu'elles sont des figures de rhétorique. Je suis toute prête, par exemple, à admettre que la dépression est « un cancer de l'âme », mais je n'en tire pas pour conclusion qu'il faut infliger des chimiothérapies aux dépressifs. Et je ne pense pas non plus qu'on doive faire payer des impôts fonciers à ceux qui bâtissent des châteaux en Espagne.

Un monde fou est un monde où les images passent pour réelles, où les métaphores déterminent les émotions, les pensées et les décisions des gens, tandis que les réalités et les faits n'intéressent plus personne.

Nous sommes presque dans ce monde-là.

# 26. Cause et culpabilité

Que l'on parle de l'attentat de Charlie-Hebdo ou d'un viol, on trouve dans le discours dominant un thème récurrent : dire que quelqu'un s'est exposé aux ennuis, c'est dire qu'il les a mérités.

Il est donc strictement interdit (sous peine d'être un sale rétrograde) de dire qu'une jeune fille qui se promène seule en mini-jupe dans les rues mal famées de la ville est imprudente ou de dire que des caricaturistes qui visent le dernier prophète sont, d'une autre manière, imprudents eux aussi.

Souligner le rapport de cause à effet ce serait cautionner le viol ou la tuerie, ce serait reporter la faute des coupables sur les victimes.

Mais ce raisonnement est-il tenable ?

Peut-on établir une aussi stricte équivalence entre *cause* et *culpabilité* ?

Je pense que non.

Imaginons par exemple que, dans un pays dirigé d'une main de fer par un tyran colérique, un jeune homme se rende à sa cour et lui dise ses quatre vérités sans prendre de gants : il est injuste, cruel et méchant et ne mérite absolument pas le pouvoir dont il jouit. Furieux, le tyran ordonne à ses gardes de décapiter le jeune homme, ce qu'ils font.

Dire que le jeune homme a été tué à cause de ses paroles, en raison de ce qu'il a dit, est-ce l'accuser de son propre meurtre ? Est-ce en dédouaner le tyran ? Il me semble que non.

Un touriste qui se promène en haute montagne sans guide, sans équipement approprié, et sans prendre de précaution, se met en danger. S'il se tue, il ne sera pas *responsable* de sa mort (car elle reste un accident), mais son insouciance sera indiscutablement l'une des *causes* de sa mort.

Il est donc essentiel, si l'on veut raisonner sainement, de distinguer le registre purement *factuel* des causes et des effets du registre *moral* de la culpabilité et de la responsabilité. On peut jouer un rôle causal dans sa propre mort sans en être coupable le moins du monde. Prenons par exemple le cas d'un pompier qui se jette dans le feu pour sauver des enfants. S'il meurt, il aura bien joué un rôle causal dans sa propre mort, mais ça ne le rend coupable de rien, au contraire même !...

Il y a quelque chose de profondément malsain dans le refus de nombreuses féministes d'admettre le lien, pourtant évident, entre certaines tenues féminines et certains viols. Ce lien de cause à effet ne dédouane absolument pas les violeurs de leur culpabilité, de la même manière qu'un pédophile n'est pas innocent sous prétexte qu'il a croisé le chemin d'un enfant non-accompagné, proie alléchante et facile. Il est logique, et rien de plus, qu'un prédateur sexuel s'attaque en priorité aux proies isolées et dénudées. Isolées, elles sont plus vulnérables ; dénudées, elles sont plus tentantes.

Pourquoi ce déni féministe est-il malsain ?

Parce que tant qu'on n'admet pas le lien de cause à effet, tant qu'on le nie, on est incapable de prendre des mesures de précaution.

À ma connaissance, aucune féministe n'a jamais conseillé à aucune jeune fille de s'habiller pudiquement quand elle sort tard le soir. Et aucune ne lui a déconseillé de sortir seule le soir. Comme s'il suffisait de faire comme s'il n'y avait aucun risque pour que le risque disparaisse ! C'est crétin. C'est irresponsable. Comment peut-on à la fois se mobiliser contre les viols, et refuser de prendre des précautions contre ? Dire que c'est un crime gravissime et un traumatisme ineffaçable, et ne rien faire pour s'en protéger soi-même ou en protéger les autres ?

C'est pourtant la politique des féministes. Puisqu'elles croient qu'admettre un lien de cause à effet entre certaines tenues très dénudées et certains viols serait admettre que la victime est d'une certaine façon coupable de ce qu'elle a subi, elles préfèrent nier l'évidence et continuer à vaquer en petites jupes au beau milieu de la nuit.

Clémentine Autain dit ainsi : « Je revendique le droit pour les femmes de se promener en mini-jupe si bon leur semble à 3 heures du matin dans la rue sans courir le risque d'être violée. »

Mais il faut choisir : qu'est-ce qui est le plus important, de se promener en mini-jupe à 3 heures du matin, ou de protéger son intégrité physique et morale, autrement dit d'éviter le viol ?

Clémentine Autin semble croire qu'il n'y a aucun choix à faire, qu'on peut avoir le beurre, l'argent du beurre et la confiture de fraises par-dessus le marché. Mais quand on veut vraiment quelque chose, on veut aussi les moyens qui, concrètement, y mènent. Pas ceux qui y mèneraient dans le monde de Narnia ou dans l'utopie sortie d'un cerveau en surchauffe, mais ceux qui y mènent dans la réalité telle qu'elle est actuellement.

Il y a une contradiction évidente, et que pourtant les féministes réussissent à ne pas voir, entre revendiquer le droit de A, qui mène dans certains cas à B, tout en luttant (ou prétendant lutter) contre B. Si A est tellement important, il faut regarder en face le fait qu'il mène parfois à B, et accepter B comme un dommage collatéral, effet indésirable mais secondaire. Et si B est tellement grave, il faut déconseiller A, puisqu'il mène à B.

En d'autres termes :

1/ Soit la liberté de se promener seule de nuit en minijupe est tellement précieuse et irremplaçable qu'elle n'est pas achetée trop cher par le risque d'être agressée et violée ;

2/ Soit un viol est tellement horrible et traumatisant qu'il faut tout faire pour l'éviter, y compris s'abstenir de se promener seule la nuit en minijupe.

Pour ma part, je suis de la deuxième opinion. Je pense que se promener seule la nuit en mini-jupe est un plaisir très limité (est-ce un plaisir, d'ailleurs ?) qui ne vaut absolument pas le risque qu'il fait courir. Et de même, je pense que caricaturer le dernier prophète est, pour les dessinateurs qui s'y livrent, un plaisir adolescent, éphémère et superficiel qui ne vaut absolument pas le risque qu'il leur fait courir, et ce, sans minimiser la culpabilité des agresseurs, qu'ils soient violeurs ou terroristes.

Quand le fait de prendre en compte la réalité, de dire « A est l'une des causes de B » est vécu comme immoral et indigne, quand ce constat objectif est interprété comme une manière sournoise de donner carte blanche aux criminels et de cautionner leurs crimes, en vérité je vous le dis : on est mal barré...

# 27. La ligne de partage

L'opposition entre les Charlie et les autres est complètement artificielle puisqu'en réalité il n'y a pas de Charlie, à part bien sûr ceux rarissimes qui ont été prénommés ainsi par des parents au goût douteux. Et pourtant il y a bien deux camps. Non pas les « nous » contre les « eux », mais ceux qui cherchent et aiment la vérité d'un côté, et ceux qui lui préfèrent le mensonge de l'autre. N'importe qui peut se faire manipuler et n'importe qui se fait manipuler. Ce n'est donc pas sur ce point qu'a lieu la séparation. Les routes divergent quand l'information véridique, celle qu'on nous a été si longtemps refusée, nous parvient enfin. En voulons-nous ?

L'acceptons-nous ?

Ou nous réfugions-nous dans les bras de mensonges rassurants car familiers ?

C'est ça la vraie question.

C'est ça le point de rupture.

Si je m'adresse à vous, c'est bien parce que j'espère que vous saurez chercher, entre deux énoncés qui peut-être vous choquent, la vérité encore inconnue qui s'y cache timidement, comme une crevette translucide au fond d'une flaque d'eau de mer.

Ne vous focalisez pas sur moi ou sur les innombrables défauts de cet essai cahotant et chaotique, ce serait du temps perdu. Concentrez-vous plutôt sur cet éclair qui passe, cette étoile qui file, cette étincelle qui vacille : le reflet ou l'écho d'une vérité plus majestueuse. Si elle n'est pas ici, c'est du moins un peu de sa présence qui hante ces pages. Comme un parfum de forêt et de résine.

Vous avez peut-être déjà marché dans une forêt, attentif aux bruissements mystérieux de cette cathédrale végétale, rempli d'un sentiment de révérence par tant de beauté, de sérénité et de mystère. Sous les frondaisons, l'instant pur et heureux prenait une dimension presque sacrée. Vous en étiez sûr : quelque chose allait se passer, quelque chose allait se révéler... que ce soit un chevreuil ou un écureuil. Et en effet, vous ne reveniez jamais les mains complètement vides. Soit la vision fugitive d'un sanglier, soit celle d'une aigrette blanche, soit une branche bizarrement tordue qui allait orner à merveille la tablette de votre cheminée...

Ici, dans cet essai, c'est pareil. C'est le bazar, certes, mais dans le fatras il y a quelque chose qui vous intéresse, quelque chose qui a de la valeur pour vous. Cherchez l'information ou le raisonnement dont vous avez besoin pour mieux comprendre, pour mieux respirer, et vous le trouverez. En lisant ce livre, vous avez acquis un point de référence. Que celui-ci confirme ce que vous saviez déjà ou vous arrache à ce que vous croyiez savoir, il se révélera utile par la suite. Car il y aura une suite, et le temps déroulera bientôt des événements que vous comprendrez mieux à la lumière de ces lignes.

# Conclusion

Conclusion... non, pas de conclusion, c'est plus prudent.

Vous y tenez ?

Vous y tenez vraiment ?

D'accord, mais je vous préviens : la conclusion ne va pas vous plaire du tout. Elle va même vous déplaire souverainement.

En fait, il y en a deux :

1/ Vous êtes musulman ? Quittez la France ! La terre est suffisamment vaste.

Si vous restez, vous devrez trahir et renier votre foi dix fois par jour pour montrer patte blanche, vous devrez affirmer haut et fort que vous n'avez jamais, ô grand jamais, douté de la sainteté de Charb, Cabu, Wolinski et Tignous, les quatre martyrs de la liberté d'expression, vous devrez déguster tous les dimanches une tranche de saucisson pur porc avec un petit verre de rouge pour démontrer que vous n'êtes pas un terroriste, et vous devrez aussi endurer d'innombrables vexations, humiliations et injustices. Et pendant ce temps, votre foi risque fort de baisser insensiblement jusqu'à laisser votre cœur à sec, comme un galet à marée basse. Vous dites que vous aimez la France, que c'est votre pays ? Les juifs allemands aussi ne voulaient pas quitter leur pays, ça ne leur a pas porté bonheur.

2/ Vous n'êtes pas musulman ? Renoncez à penser, devenez Charlie de la tête aux pieds... ou quittez la France (bis) ! Le monde est grand.

Il n'y a pas que les petits rongeurs à moustaches qui quittent le navire avant qu'il coule, il y a aussi les hommes et les femmes qui ont eu l'intelligence ou l'intuition de pressentir le naufrage et de monter dans des canaux de sauvetage avant qu'il soit trop tard.

Je vous avais bien dit que ça ne vous plairait pas.

Personne n'a envie d'entendre ça.

Mais bon, je vous dis ce que je pense, c'est un peu pour ça que vous avez lu ce livre.

Enfin, j'espère.

Si c'était pour entendre « Vive la liberté d'expression ! Vive la France ! Au moins, ici, chacun est libre de donner son opinion ! Les méchants terroristes veulent nous dicter nos pensées et nos actes sans nous laisser la moindre liberté individuelle, mais on ne va pas se laisser faire ! On va aiguiser nos crayons et leur en piquer le croupion ! » il suffisait d'allumer la télévision ou de descendre au bistrot du coin.

Sur ce, je vous souhaite une excellente journée, pleine de soleil et de fous rires – le genre de rire bon enfant qu'on peut partager avec tout le monde, sans offenser personne ; le genre de rire que suscite l'humour convivial et chaleureux des Louis de Funès, des Dany Boon et autres Inconnus.

*Terminé le 30/01/2015, par une nuit de tempête.*

# Votre avis est important

Merci d'avoir lu ce livre. Pouvez-vous lui mettre un commentaire sur le site d'amazon où vous l'avez acheté ?

Faites-le maintenant, cela vous prendra cinq minutes, pas davantage, et votre avis aura trois effets bénéfiques :

(1) Il permettra aux lecteurs potentiels qui se demandent si ce livre mérite d'être lu de prendre une décision éclairée ;

(2) Il nous permettra de vous préparer d'autres ouvrages de qualité, et éventuellement d'améliorer celui-ci.

Pour un éditeur comme pour un auteur (je suis les deux), les commentaires des lecteurs sont précieux. Je vous serai donc vraiment reconnaissante de mettre un commentaire à cet essai.

Merci encore pour votre confiance, et à bientôt dans un prochain ouvrage.

*Lucia Canovi*

# Catalogue
## des éditions lucia-canovi.com

LIBERTÉ ● VÉRITÉ ● CLARTÉ

*Des mots qui aident, guident, réconfortent, encouragent, éclairent, élèvent ou libèrent*

**Nos livres sont disponibles aux formats pdf, .mobi et epub.
et nos programmes audios, au format mp3
Si vous voulez un de nos livres sous forme brochée (en vrai livre papier),
vous pouvez passer commande en nous écrivant à
*contact@lucia-canovi.com***

## Programmes audios.

http://programmezvotresubconscient.fr/100-confiance-en-soı

Écoutez tous les jours *100 % confiance en soi*, et au bout de 30 jours, vous aurez une inébranlable confiance en vous-même.

http://programmezvotresubconscient.fr/enfin-calme

Écoutez tous les jours *Enfin Calme* pour garder votre calme en toutes circonstances.

http://programmezvotresubconscient.fr/enfin-heureux

Écoutez tous les jours *Enfin Heureux* pour être heureux quoi qu'il arrive.

http://enfin-bilingue.fr/

Écoutez tous les jours *Enfin Bilingue* pour apprendre l'anglais avec rapidité, facilité et plaisir.

http://enfin-bilingue.fr/arabe

Écoutez tous les jours *Enfin Bilingue en arabe* pour apprendre l'arabe avec rapidité, facilité et plaisir.

## Parentalité

*Parents heureux, enfants joyeux ! Proverbes et citations motivantes pour familles aimantes*, de Anna Fonseca

## Histoire

*La révolution française : une conspiration ?*, d'Augustin Barruel

### Études/Art d'écrire
*7 secrets pour réussir brillamment ses études sans le moindre stress !*, de Lucia Canovi.
*Écrire une scène d'action en s'inspirant d'un grand romancier*, de Lucia Canovi

### Psychanalyse
*Freud tueur en série : vrais meurtres et théorie erronée*, d'Eric Miller
*Secrets et dangers de la psychanalyse : Freud n'est pas votre ami*, de Lucia Canovi

### Science
*La terre ne bouge pas*, de Gustave Plaisant
*La terre est immobile : preuve que la terre ne tourne ni autour de son axe, ni autour du soleil*, Carl Schoepffer

### Féminisme et sexisme
*Sept mensonges du féminisme*, de Lucia Canovi
*Sept mensonges du sexisme*, de Lucia Canovi

### Religion/spiritualité
*Eckhart Tolle et l'idiocratie : découvrez la doctrine et les effets d'un grand maître spirituel,"*de Lucia Canovi
*L'Islam au-delà des apparences*, de Lucia Canovi
*Pourquoi j'ai embrassé l'Islam*, d'Anselme Turmeda

### Essais/Actualité
*Réfléchissez ! Racisme, antisémitisme, quenelle et autres sujets sensibles*, de Lucia Canovi
*Conversations avec l'ennemi de Dieu : le mal au XXIe siècle*, de Lucia Canovi
*Le Lait du Mensonge : Fragments d'une parole sincère*, de Lucia Canovi
*Êtes-vous Charlie ?*, de Lucia Canovi
*Le piroptimisme : faut-il soigner le mal par le mal ?*, de Lucia Canovi

**Roman**

*Un baron en caravane,* de Elisabeth Von Arnim
*Amour et mensonges sous le ciel d'Italie,* de Jean Webster
*Horace,* de George Sand
*Les dames vertes,* de George Sand
*Nanon,* de George Sand
*Cecilia,* de Fanny Burney (12 volumes)

**Développement personnel/Psychologie**

*Marre de la vie ? Tuez la dépression avant qu'elle ne vous tue !,* de Lucia Canovi

*Le trésor : découvrez la méthode la plus simple de vous faire des alliés et de réaliser vos rêves,* de Lucia Canovi

*La clé du bonheur : 365 affirmations\* pour surmonter dépression, découragement, déprime et être heureux en toutes circonstances* [Ce n'est PAS une faute d'orthographe], de Lucia Canovi

*La Clé du Calme : 365 affirmations\* pour triompher de l'anxiété, du stress, de la colère et trouver la sérénité* [Ce n'est PAS une faute d'orthographe], de Lucia Canovi

*La Clé de la Richesse : 365 affirmations\* à se poser pour s'enrichir malgré la crise* [Ce n'est PAS une faute d'orthographe], de Lucia Canovi

*Le petit livre de la paix intérieure : Proverbes anti-stress et citations calmantes,* de Lucia Canovi

*Le petit livre qui fortifie : Proverbes réconfortants et citations motivantes,* de Lucia Canovi

*Aller mal quand tout va bien : La dépression dédramatisée,* de Lucia Canovi

*La dépression est-elle une vraie maladie ? 9 idées fausses sur la tristesse et le mal-être,* de Lucia Canovi

*Et si la dépression avait un sens ?,* de Lucia Canovi

*Les vraies causes de la dépression,* de Lucia Canovi

*Libérez-vous de l'alcool et de la cigarette : Comprendre le joug pour le briser,* de Lucia Canovi

*Vivez jusqu'au bout ! Suicide, mode de non-emploi,* de Lucia Canovi

*Vous n'êtes pas fou ! Les maladies mentales démystifiées*, de Lucia Canovi

*Antidépresseurs, mensonges et conséquences*, de Lucia Canovi

*Torture ou thérapie ? La vérité sur les électrochocs*, de Lucia Canovi

*Enfin heureux ! Cinq thérapies gratuites et efficaces pour retrouver le sourire*, de Lucia Canovi

*La dépression sans nom*, de Lucia Canovi

*OrdiZen : La méthode de rangement qui permet de savoir exactement où est quoi dans son ordinateur... et de le retrouver rapidement !*, de Lucia Canovi

# À propos de Lucia Canovi

Lucia Canovi est auteur, éditeur et iconoclaste. Sa vie comporte trois actes très différents.

Premier Acte : Adeline Aragon gagne six prix littéraires, réussit ses études de lettres modernes et obtient du premier coup l'agrégation, concours réputé pour sa difficulté. Après ces brillantes études, désorientée, elle se tourne vers l'enseignement moins par choix que par impossibilité de changer en gagne-pain l'écriture, sa vocation de toujours. Pendant ce premier acte, elle est athée, cartésienne et militante féministe (Voir son livre *Sept mensonges du féminisme*).

Deuxième Acte : profondément insatisfaite de sa vie même si elle a « tout », à 27 ans elle se lance dans l'astrologie, le tarot et le russe, se teint les cheveux en rouge vif, quitte sa Toulouse natale pour Paris, et troque son rationalisme contre un mysticisme échevelé qui la mène à l'hôpital psychiatrique pour deux semaines. Loin de lui apporter le bonheur, cette route tortueuse se révèle de moins en moins carrossable. Pendant ce second acte, elle fume, boit, construit des châteaux en Espagne (voir son livre *Libérez-vous de l'alcool et de la cigarette : comprendre le joug pour le briser*), continue à écrire sans convaincre aucun éditeur de son génie, et adopte toutes les croyances du Nouvel Âge, dont la réincarnation. Elle est alors une disciple enthousiaste d'Eckhart Tolle (Voir son livre *Eckhart Tolle et l'idiocratie : doctrine et effets d'un « grand maître spirituel »*).

Troisième Acte : arrivée au bout de ses ressources financières, sans ami et sans amour, pour la première fois de sa vie elle se tourne vers Dieu pour Lui demander Son aide. Une semaine après, elle rencontre l'homme de sa vie qui lui propose immédiatement le mariage et l'Islam. Le coup de foudre étant réciproque, elle accepte le mariage. Quelques mois et d'innombrables lectures plus tard, dont *Le Mensonge de l'évolution* d'Harun Yayha, pour son plus grand bonheur elle se convertit à l'Islam.

Encouragée par son mari, elle se remet à l'écriture sous le nom de plume de Lucia Canovi avec un enthousiasme renouvelé et un but bien précis : aider les personnes qui souffrent comme elle a souffert. Son grand livre *Mentalpax : antidépresseur naturel sous forme de livre préconisé dans le traitement de l'anxiété, des idées noires, de la dépression et des autres diagnostics (*publié dans une première version sous le titre *Marre de la vie ?)* est le fruit de huit années de recherches ; les lecteurs l'adorent.

Par la suite, elle écrit sur toutes sortes de sujets, avec un intérêt particulier pour la logique, le développement personnel (voir en particulier son livre *Le trésor : découvrez la méthode la plus simple de vous faire des alliés et de réaliser vos rêves*), la religion (voir son livre *L'Islam au-delà des apparences*) et le mal sous toutes ses formes (voir son livre *Conversations avec l'ennemi de Dieu : le mal au XXIe siècle*).

En 2015, prenant conscience qu'il ne sert à rien d'attendre l'éditeur charmant, Lucia Canovi se décide à créer sa propre maison d'édition par internet, **lucia-canovi.com,** ce qui lui donne l'opportunité de publier *Freud tueur en série : vrais meurtres et théorie erronée*, chef-d'oeuvre d'investigation où Eric Miller prouve par A+B que Freud a sauvagement assassiné son neveu John, ainsi que quelques-uns de ses amis et quelques unes de ses patientes.

Iconoclaste, Lucia Canovi prend un plaisir subversif à mettre en pièces les mensonges les mieux établis, démolissant en priorité les impostures qui, en raison de leur ancienneté ou de leur succès quasi universel, semblent infiniment plus vénérables que les vérités ridiculisées qu'elles prétendent remplacer.

Aujourd'hui, Lucia Canovi vit tranquillement en Algérie avec son mari et ses deux enfants, et s'emploie à offrir le meilleur à ses lecteurs de plus en plus nombreux. Ses livres sont traduits en anglais, espagnol, allemand, italien, portugais, japonais, russe et néerlandais. Vous pouvez lui écrire à lucia@lucia-canovi.com.

# Table des matières

www.ingramcontent.com/pod-product-compliance
Lightning Source LLC
Chambersburg PA
CBHW060633290526

45793CB00001B/229